SERÁ QUE MEU FILHO TEM JEITO?

O que a psicologia tem a contribuir nas relações entre pais e filhos em uma sociedade complexa

Marcia Belmiro

SERÁ QUE MEU FILHO TEM JEITO?

O que a psicologia tem a contribuir
nas relações entre pais e filhos
em uma sociedade complexa

Principis

Esta é uma publicação Principis, selo exclusivo da Ciranda Cultural.
© 2024 Ciranda Cultural Editora e Distribuidora Ltda.

Texto
© Marcia Belmiro

Editora
Michele de Souza Barbosa

Preparação
Adriane Gozzo

Revisão
Fernanda R. Braga Simon
Eliel Cunha

Produção editorial
Ciranda Cultural

Projeto gráfico e diagramação
Linea Editora

Design de capa
Ana Dobón

Dados Internacionais de Catalogação na Publicação (CIP) de acordo com ISBD

B451s	Belmiro, Márcia.
	Será que meu filho tem jeito? / Márcia Belmiro. - Jandira, SP : Principis, 2023.
	192 p. ; 15,50cm x 22,60cm.
	ISBN: 978-65-5097-104-5
	1. Psicologia infantil. 2. Brasil. 3. Educação. 4. Educação infantil. 5. Filhos. 6. Reflexão. I. Título.
	CDD 155.4
2023-1562	CDU 159.9

Elaborado por Lucio Feitosa - CRB-8/8803

Índice para catálogo sistemático:
1. Psicologia infantil 154.4
2. Psicologia infantil 159.9

1ª edição em 2024
www.cirandacultural.com.br
Todos os direitos reservados.
Nenhuma parte desta publicação pode ser reproduzida, arquivada em sistema de busca ou transmitida por qualquer meio, seja ele eletrônico, fotocópia, gravação ou outros, sem prévia autorização do detentor dos direitos, e não pode circular encadernada ou encapada de maneira distinta daquela em que foi publicada, ou sem que as mesmas condições sejam impostas aos compradores subsequentes.

Sumário

Introdução 8

Capítulo 1
Coaching aplicado à infância e à adolescência 12

Capítulo 2
Como o processo de autoconhecimento do adulto cuidador interfere no crescimento de crianças e adolescentes 18

Capítulo 3
Os Métodos CoRE KidCoaching® e CoRE TeenCoaching® 24

Capítulo 4
Seis princípios do coaching que sustentam o Método CoRE 32

Capítulo 5
A relação entre pais e filhos 40

Capítulo 6
Reflexos do mundo contemporâneo sobre a criança e o adolescente 50

Capítulo 7
Separação dos pais 62

Capítulo 8
Punição ou consequência 68

Capítulo 9
O poder do elogio 76

Capítulo 10
Como criar regras e combinados junto de seu filho 82

Capítulo 11
Como "chamar a atenção" 90

Capítulo 12
Sentir raiva do meu filho significa que não sou boa mãe? 98

Capítulo 13
Como lidar com a birra 102

Capítulo 14
O que pode ser feito para diminuir a possibilidade de quadros psicopatológicos na infância e na adolescência? 108

Capítulo 15
Por que e para que serve dar atenção aos comportamentos e às características específicas dos filhos 122

Capítulo 16
"O filho é meu! Faço com ele o que quiser!" 132

Capítulo 17
Ações para facilitar o convívio entre irmãos 142

Capítulo 18
Autoridade emocional 148

Capítulo 19
Pai "na real" 156

Capítulo 20
Topa conferir o que você aprendeu até aqui? 162

Capítulo 21
Que decisão você vai tomar agora? 170

Referências 188

Introdução

Seja muito bem-vindo à leitura de *Será que meu filho tem jeito?*

O tema filhos, educação, família, criança e adolescência é infindável, e nos tempos difíceis em que nos encontramos passa a ter uma relevância e importância única. O primeiro livro, *Meu filho tem jeito!*, lançado em 2022, ao figurar na lista de *best-sellers* confirmou a necessidade de pais e educadores terem uma bibliografia de fácil compreensão, com aplicabilidade imediata na vida de suas famílias. Isso me levou a escrever mais sobre como contornar a educação dos filhos em uma sociedade complexa; sobre como os pais podem se comportar diante de cenários tão impensáveis para criar sua prole; e sobre como mitigar suas angústias e dificuldades presentes no cotidiano de tantos lares mundo afora.

Interagir com crianças e adolescentes com uma abordagem inovadora é uma escolha entusiasmante pelo grau de contribuição e crescimento que poderá proporcionar antes de tudo à sua família e à sua sala de aula, bem como às famílias que se encontram perdidas em como educar seus filhos. Além disso, pais e educadores encontrarão grande realização em auxiliar crianças e jovens a se sentirem mais tranquilos, seguros e senhores de si. Essas são as propostas deste livro.

Há muito trabalho a ser feito com famílias que estão em dúvida quanto a quais rumos tomar na criação dos filhos – se a educação deve ser mais liberal ou mais tradicional. E o trabalho se estende igualmente às escolas, que enfrentam os reflexos de uma sociedade de multi-informação e multiestímulos e penam com a incapacidade de lidar com a diversidade cada vez mais acentuada em sala de aula, tanto no formato de famílias quanto nas ideologias filosófica e religiosa que cada aluno traz consigo.

Também há muito a ser feito com os pequenos, que precisam aprender a se posicionar socialmente perante os colegas, expressar-se com assertividade e afetividade ao mesmo tempo e, ainda, conseguir associar razão e emoção para que se tornem pessoas mais felizes e futuros jovens e adultos produtivos e equilibrados.

Antes de continuar, quero apresentar a você a VISÃO que tracei para mim há alguns anos.

VISÃO da Marcia Belmiro

Ampliar a congruência nas relações familiares, sociais e profissionais e aumentar significativamente a felicidade humana.

Essa VISÃO me move e me sustenta, principalmente nas situações difíceis pelas quais eu e tantos empreendedores passamos em algum momento, neste país, em especial no período da pandemia de covid-19. Quando me contato com minha VISÃO, eu ganho força extra para continuar.

As mensagens de texto, os áudios e os e-mails que recebo todos os dias contando as mudanças significativas que acontecem na vida de milhares de crianças, jovens e famílias reforçam que estou no caminho onde deveria estar mesmo e, assim, sigo na providência do amor de Deus e na crença de que o mundo pode ser melhor; de que nossa sociedade, apesar de muito

Será que meu filho tem jeito?

sofrida, tem condições de encontrar novas saídas e soluções para os relacionamentos, em prol de mais bem-estar e felicidade.

O que tenho aprendido com tudo o que aconteceu e vem acontecendo desde que decidi colocar os Métodos CoRE KidCoaching® e CoRE TeenCoaching® à disposição de quem pensa e acredita, como eu, que podemos construir um mundo mais ameno, afetuoso, com relações equilibradas e mais justo, é que, após tantos anos dedicados ao desenvolvimento humano, ainda tenho muito a aprender e a compartilhar com inúmeras pessoas interessantes e repletas de lindos planos para suas famílias, seus clientes e seus alunos.

Este livro pode ser lido como você preferir: desde a primeira página, pulando capítulos ou buscando no sumário os temas que mais instigam sua curiosidade e aplacam suas dúvidas.

Você encontrará nas próximas páginas:

- ▶ temas que aparecem na rotina de vida das famílias;
- ▶ testes e exercícios práticos para você verificar sua postura e suas atitudes no convívio com crianças e adolescentes;
- ▶ como realizar as abordagens que possibilitam mudanças significativas no comportamento da família, de crianças e adolescentes;
- ▶ base conceitual e princípios da nova abordagem aplicados aos Métodos CoRE KidCoaching® e CoRE TeenCoaching®.

CAPÍTULO 1

Coaching aplicado à infância e à adolescência

Entre tantas informações disponíveis na internet sobre como criar e educar as crianças, em meio a tantos cursos para preparar pais e educadores para a sublime missão de desenvolver, de maneira sadia, filhos e alunos; dentre tantos fóruns, debates, *lives*, mesas-redondas virtuais e presenciais sobre o que se deve ou não fazer para que as crianças se tornem adultos melhores, surge o coaching!

Coaching, tal como se apresenta para a maioria, significa um tipo de abordagem baseada em métodos, técnicas e ferramentas que auxilia adultos no encontro de respostas na sua vida pessoal – mas principalmente auxilia nas questões profissionais, tais como crescer na carreira, planejar-se para ter contato com um cliente, para realizar uma apresentação, para tornar-se um líder diferenciado, desenvolver equipe ou encontrar sua melhor forma para atingir bons resultados em uma dinâmica de emprego. Diante desse entendimento sobre o que é coaching e a que tipo de situações ele se aplica, associar coaching e criança em uma mesma frase pode gerar desconforto e até certo incômodo.

Coaching para crianças? Como assim? – é a pergunta que mais escuto.

Marcia Belmiro

Quando se fala em coaching para adolescentes, muitas pessoas até consideram fazer sentido, de modo a auxiliar o jovem na escolha da carreira e em questões relacionadas ao desempenho acadêmico. No entanto, quando associo coaching a crianças, isso gera muita confusão de entendimento, porque quem já teve algum contato com coaching, seja por ter feito uma formação em coaching, seja por ter passado por um processo de coaching na sua empresa ou mesmo por ter lido sobre o tema nos milhares de sites disponíveis na web, logo se surpreende com essa associação entre coaching e criança.

Vale lembrar que o coaching começou a ser introduzido nas organizações brasileiras na década de 1980, com o intento de melhorar a performance de líderes e executivos, e, logo depois, a partir do fim da década de 1990, os coaches passaram a atender pessoas em questões de ordem pessoal, como emagrecimento, relacionamentos, melhoria da qualidade de vida, entre outras. O grande avanço e a imensa abrangência do coaching têm trazido grande alívio às pessoas que desejam equacionar situações cotidianas e não sabem como fazê-lo, mas que, com a ajuda de um profissional devidamente formado e qualificado (o coach), conseguem:

- ampliar o autoconhecimento;
- analisar criticamente a situação indesejada;
- construir um objetivo claro a ser alcançado e
- desenvolver as habilidades socioemocionais necessárias para a mudança de comportamento e de atitude que levarão a pessoa aos seus objetivos.

De fato, o coaching vem construindo uma história sólida no Brasil de poucas décadas para cá e se estabelecendo como forte aliado empresarial na melhoria da performance de líderes, executivos e equipes. E foi assim que começou a suscitar em muitos coaches o interesse em atender a demanda familiar, com base, inclusive, no que esses muitos coaches conquistaram de bons resultados na própria casa, ao estabelecerem uma abordagem coaching baseada no diálogo com os próprios filhos e cônjuges.

Será que meu filho tem jeito?

Eu mesma apliquei em casa, com muito sucesso, conversas com abordagem coaching. E nas empresas que me contrataram para aplicar processos de coaching com seus executivos fui surpreendida com a grande quantidade de problemas pessoais de cunho familiar que assolavam a rotina desses executivos, que são pais e mães fora da empresa. Ao me deparar com essas situações pessoais familiares que surgiam nas sessões de coaching com esses executivos, para ajudá-los a manter o foco nas questões corporativas, decidi entregar a eles *e-books* sobre o assunto infantojuvenil, e esse conteúdo acabou sendo o embrião dos Métodos CoRE KidCoaching® e CoRE TeenCoaching®.

Na onda das boas intenções, acabamos assistindo ao uso inadequado do coaching para desenvolvimento infantil. Alguns coaches, ávidos por contribuir com esse universo infantil e percebendo aí um enorme veio financeiro, acabaram aplicando, desavisadamente, o coaching em crianças com técnicas de adultos meramente adaptadas no *design* (com motivos infantis), mantendo a prerrogativa da "melhoria de performance", nos estudos, na escolinha de futebol, ou até com o intuito de "adestrar" o comportamento infantil, de modo a tornar as crianças exemplares e disciplinadas.

A maioria desses coaches, desejosos em atender e ajudar esse imenso nicho, conduziu o coaching de crianças como se estivesse trabalhando com miniadultos, desconsiderando que o cérebro infantil tem um funcionamento diferente do cérebro adulto e que, ao aplicar técnicas como a Roda da Vida, ainda que desenhada com temática infantil, não traz retorno, entendimento e tomada de decisão, porque a criança não se identifica com esse tipo de proposta e, mais que isso, não tem prontidão neurológica para construir análises, tampouco é capaz de tirar conclusões e tomar decisões de acordo com a lógica do adulto, algo que só a maturação do neocórtex trará com o passar dos anos.

Em 2015, iniciei uma pesquisa sobre o que estava sendo feito em outros países em termos de associação entre coaching e infância, e, confesso, não gostei nem um pouco do que vi, em especial nos Estados Unidos e no Reino Unido. As propostas de uso do coaching aplicado à infância estavam exatamente na rota do que relatei acima, e, no meu ponto de vista, absolutamente não faz sentido utilizar qualquer abordagem que tire a criança de sua necessária infância.

Para preconizar métodos, procedimentos, protocolos ou simples abordagens com crianças, há de se levar em consideração a realidade infantil, sua essência, seu processo particular de desenvolvimento psíquico e social e suas problemáticas de rotina presentes nas relações com sua família, com seus colegas de escola e consigo mesmas.

Assim, minha questão passou a ser "O que se pode extrair do coaching para ser usado em casa e na escola, com crianças e adolescentes?", e pude concluir que não se trata de técnicas, nem de ferramentas, nem das finalidades as quais o coaching se propõe a abranger. Identifiquei, com total clareza, que a forma de comunicação que o coaching traz, baseado na maiêutica socrática, em que perguntas conduzem o interlocutor à descoberta de sua própria verdade, de suas melhores respostas, instigando-o a tomar decisões balizadas em seus principais valores, em consonância com o bem-estar coletivo, pode ser adaptado para a relação pais/filhos e professor/aluno.

Além do aspecto comunicacional, seis princípios expostos no Capítulo 4 também tornam o coaching um grande aliado na reconexão de sistemas familiares, assim como na reestruturação e na reconfiguração da sala de aula, viabilizando e acelerando o processo de ensino-aprendizagem.

Associei, ainda, aos processos comunicacionais de cunho "perguntativo" e aos Seis Princípios os muitos conceitos, estudos e pesquisas da psicologia clássica sobre o desenvolvimento infantil com sustentação na psicanálise, teoria cognitivo-comportamental (TCC) e Gestalt para instituir a partir daí um método. Somei, ainda, descobertas recentes das neurociências e da psicologia nada clássica de autores contemporâneos que constituem os preceitos da Psicologia Positiva, encabeçada pelo psicólogo americano Martin Seligman.

Não existe outro Método estruturado dessa forma para fazer Coaching com crianças e adolescentes, e os resultados são quase imediatos porque crianças e jovens gostam das atividades oferecidas e respondem muito rapidamente às propostas.

CAPÍTULO 2

Como o processo de autoconhecimento do adulto cuidador interfere no crescimento de crianças e adolescentes

Antes de detalhar os Métodos CoRE KidCoaching® e CoRE TeenCoaching® e seus princípios, vou começar do início! E o início de tudo o que diz respeito ao crescimento e ao desenvolvimento de crianças e adolescentes é a qualidade da relação que adultos educadores e cuidadores estabelecem entre si e com eles.

De acordo com o psicólogo americano Daniel Goleman, especialista em estudos sobre o cérebro e em ciências comportamentais, a qualidade dessa relação é diretamente proporcional à condição de autocuidado e ao autoconhecimento (ou à autoconsciência) dos adultos que convivem com esses jovens.

> "As pessoas mais seguras acerca de seus próprios sentimentos são melhores pilotos de suas vidas, tendo uma consciência maior de como se sentem em relação a decisões pessoais, desde com quem se casar a que emprego aceitar."
>
> Daniel Goleman. *Inteligência emocional*.

Ter autoconsciência significa ser capaz de reconhecer um sentimento quando ele surge, e a capacidade de perceber sentimentos e pensamentos a cada momento é fundamental para o discernimento pessoal e a autocompreensão. Em contrapartida, a incapacidade de observar os verdadeiros sentimentos nos deixa à mercê deles.

Proponho a você que responda às questões a seguir com sinceridade, para medir quanto vem se dedicando ao aumento e à ampliação de sua autoconsciência.

Como está seu conhecimento sobre si mesmo?

Esse exercício tem como objetivo ajudar você a medir o nível atual de seu processo pessoal de autoconhecimento. Leia as afirmativas e atribua uma pontuação entre 0 e 10 que corresponda a quanto você concorda com cada uma delas. Quanto mais próximo de 10, mais você concorda com a afirmativa.

AFIRMATIVAS	0-10
1. As pessoas com as quais convivo em casa e no trabalho falam que sou de um jeito que não me vejo.	
2. As pessoas deveriam ser mais compreensivas comigo.	
3. Tenho contínua impressão de que as pessoas não me conhecem.	
4. Na hora de tomar decisões, é comum eu ficar com muitas dúvidas.	
5. Não tenho o hábito de observar se minhas expressões fisionômicas estão de acordo com o que eu falo.	
6. Não percebo o efeito que minhas palavras geram nas respostas das pessoas para mim.	
7. Não paro para perceber se meu tom de voz está ajustado às emoções e aos pensamentos que estou tendo.	
8. Quando me dou conta, já estou num debate acalorado com alguém.	

Será que meu filho tem jeito?

AFIRMATIVAS	0-10
9. Não noto na hora que estou triste.	
10. Não noto na hora que estou com raiva.	
11. Não noto na hora que estou com medo.	
12. Fico medindo o que devo falar para que gostem de mim.	
13. Não sei o que acontece comigo, mas, às vezes, fico mergulhado por dias num grande mau humor.	
14. Não sei o que fazer nas horas em que estou envolto num estado emocional intenso.	
15. Não percebo quando algo acontece dentro de mim a tempo de conseguir tomar uma nova atitude e evitar um conflito.	
TOTAL	

Referência para a pontuação no teste

Acima de 130 – Cuidado! Alerta vermelho para suas relações e até para sua saúde. Busque ajuda urgente!

Entre 100 e 129 – Regular! Fique alerta para fazer mudanças urgentes em seu padrão de autoconhecimento. Vai lhe cair bem o apoio de algum profissional para ajudar você em sua busca de si mesmo.

Entre 66 e 99 – Você tem entendimento parcial sobre seu próprio funcionamento, mas é preciso aprimoramento, podendo cuidar de alguns aspectos em especial.

Entre 21 e 65 – Você vem levando a sério o seu entendimento sobre sua maneira de ser e sentir. Parabéns! Continue no seu esforço. Esse processo só tem hora de começar! É importante a continuidade do processo uma vez iniciado.

Abaixo de 20 – Seu nível de percepção sobre si mesmo é excelente, o que traz uma enorme probabilidade de você se sair bem em várias áreas de sua vida.

Marcia Belmiro

O que é o autoconhecimento (de verdade) e como atingi-lo para ajudar filhos e alunos

Muitas pessoas confundem autoconhecimento com autoajuda. Autoajuda foi um termo criado para designar o estilo de literatura voltada a assuntos relacionados ao autoconhecimento; no entanto, na minha experiência, pessoas que leem grande quantidade de livros de autoajuda são, em geral, as mais distantes de si mesmas. Ao longo de mais de quarenta anos como psicóloga, nunca conheci ninguém que tivesse lido livros de autoajuda e começasse a se conhecer melhor desde então. Normalmente, depois dessas leituras, as pessoas apenas reproduzem inúmeras vezes o que o autor disse, tentando dar uma aula sobre o assunto, mas não colocam em prática em si mesmas o que leram.

A autopercepção e a autoconsciência só vão acontecer por meio da experimentação de si mesmo, sobre suas angústias, sobre suas dores e sobre suas belezas, riquezas e potenciais. Experimentação significa participar de psicoterapias, retiros e *workshops* psicoterapêuticos, com o auxílio de profissionais capacitados; é vivenciar e experimentar o olhar para si mesmo; notar-se e perceber-se. Tais providências tratam das máculas e dores psíquicas que teimam em nos impedir de sermos felizes e libertos para a alegria, para o amor e entusiasmados com a vida e com as pessoas.

Para cuidar de crianças, adolescentes e famílias, é necessário se cuidar, se curar e se buscar

O processo de busca pessoal vai, em algum momento, chegar a águas límpidas e cristalinas que acalmam e refrescam a alma; no entanto, o trajeto não tem só flores. Você vai se deparar com suas feras interiores, e, em alguns momentos, a estrada em direção a si mesmo poderá ficar sombria, estranha e tortuosa; porém, à medida que for se apropriando de si mesmo, de sua essência, você deixará de se comparar aos outros e passará a ter mais

Será que meu filho tem jeito?

segurança e autoconfiança – e é aí que se abrem grandes clareiras, imensos oásis de beleza e bem-estar.

Não existe felicidade absoluta, mas é possível construir grandes espaços de bem-estar, independentemente das circunstâncias ao redor. Quando você se liberta dos juízos de valor feitos sobre você, se liberta da visão na qual se enquadrou para atender às expectativas que você achava que atenderiam as pessoas, um grande clarão acontece diante de si, ocorre uma verdadeira epifania, uma sensação profunda de realização, no sentido de você compreender sua essência e seu significado de estar no mundo.

Dez vantagens de buscar a si mesmo

1. Reagir de modo diferente aos acontecimentos da própria vida.
2. Perceber como os fatos impactam seus sentimentos e suas emoções.
3. Descobrir a própria vocação (o propósito profissional e pessoal).
4. Deixar de temer coisas e pessoas.
5. Descobrir o que o prende e o que o alavanca e assim poder alterar seu destino.
6. Confiar mais em si mesmo e nos outros.
7. Usar suas forças e recursos com intencionalidade a seu próprio favor.
8. Diminuir a incidência de doenças.
9. Viver com alegria e esperança os anos que tem pela frente.
10. Desabrochar verdadeiramente na e para a vida!

Ao criar os Métodos CoRE KidCoaching® e CoRE TeenCoaching®, apostei na grande possibilidade de recuperar a conexão no sistema familiar e na restauração da comunicação fluida em casa.

CAPÍTULO 3

Os Métodos CoRE KidCoaching® e CoRE TeenCoaching®

> **Significado da sigla:**
> **Co = Conexão**
> **R = Razão**
> **E = Emoção**

Assim, o Método CoRE quer dizer "Conexão entre Razão e Emoção".
Em inglês: *CORE* significa o principal, o cerne, o núcleo, o âmago.
Para a educação física, o CORE é a região central do corpo humano, responsável por estabilizar e dar segurança à coluna vertebral.

Os Métodos CoRE KidCoaching® e CoRE TeenCoaching® englobam procedimentos e protocolos testados e comprovados para atender crianças, adolescentes, pais e professores, usando técnicas exclusivas baseadas em diversas ciências do comportamento humano, utilizando os princípios do coaching para conectar RAZÃO e EMOÇÃO na construção de relacionamentos positivos e sustentáveis em congruência com o contexto social, familiar e escolar.

Como cheguei à necessidade de integrar razão e emoção no atendimento às crianças e aos adolescentes

Entre os antigos filósofos, era bem marcada a distinção entre razão e emoção, e a valorização da razão ganhou mais força no século XV, com Descartes (1596-1650), que inaugurou o Racionalismo na Idade Moderna. A máxima de Descartes: "Penso, logo existo" sustenta priorizar a razão como o único caminho para se alcançar a verdade.

Descartes morreu em 1650, mas esse entendimento internalizado à exaustão por toda uma sociedade continua vigente na prática, pois ainda há a supervalorização do racional, ainda há uma grande defesa de deixar as emoções para lá. As empresas continuam valorizando os "cabeçudos", os intelectuais, e os detentores de muita informação continuam sendo bem-vistos e admirados.

No século XIX, Nietzsche, filósofo existencialista, no início do século XX, Russell, existencialista fenomenológico, Sartre no século XX, também existencialista fenomenológico, e até Rancière, no século XIX, que não está ligado à escola existencialista mas que traduz o sentimento de uma época que contrapõe a Descartes, ampliam nossa visão ao trazerem outras discussões em que o entendimento é de que a existência é anterior à racionalidade e engloba todas as faces da vida humana sem sobreposição de uma delas, sem dicotomia.

O que esses filósofos trouxeram para uma nova percepção que desloca a soberania da Razão:

> "A inteligência é apresentada como um ser imaterial, tornando, portanto, incabível uma comparação objetiva entre inteligências; a inteligência é busca e atenção, é o ato de inteligir, de aprender, inerente ao ser humano. Desta forma, propõe-se um deslocamento possível da máxima de Descartes 'penso, logo sou' para: 'sou homem (ser humano), logo, penso'" (Rancière).

> "É só dos sentidos que procede toda a autenticidade, toda a boa consciência, toda a evidência da verdade."
> "Não é só a razão, mas também a nossa consciência, que se submetem ao nosso instinto mais forte, ao tirano que habita em nós." (Friedrich Nietzsche)

> "A experiência não permite nunca atingir a certeza absoluta. Não devemos procurar obter mais que uma probabilidade." (Bertrand Russell)

> "O homem primeiramente existe, se descobre, surge no mundo; e somente depois se define." (Sartre)

Será que meu filho tem jeito?

Ainda no século XIX, Sigmund Freud (1856-1939) ressaltou a importância das emoções nos processos de desenvolvimento psíquico e social do sujeito. Ele afirmava que "As emoções reprimidas nunca morrem. São enterradas vivas e saem mais tarde da pior forma".

No entanto, somente em 1995 Daniel Goleman escreveu o livro *Inteligência emocional*. Com base em inúmeras pesquisas, o psicólogo americano prova que os bem-sucedidos no trabalho e na vida pessoal não são aqueles que têm maior quociente intelectual (QI), mas aqueles que constroem uma vida tida como boa, próspera e feliz, ou seja, os que desenvolveram sua inteligência emocional (IE).

No livro, Goleman descreve os cinco pilares da IE:

Empatia = condição de se colocar no lugar do outro e perceber sob a óptica da outra pessoa; ser capaz de perceber o que a outra pessoa sente sem que ela diga.

Relações sociais = habilidade de estabelecer contato de forma afável e agradável, não invasiva com as pessoas nos diversos ambientes por onde se transita.

Autoconhecimento = conseguir se perceber quanto aos próprios sentimentos e pensamentos, quanto às próprias reações e ser capaz de identificar estímulos do ambiente que geram conforto e desconforto.

Gerenciamento das emoções = autorregulação diante de fatos e situações que ocorrem apresentando a medida apropriada de emoções proporcional às situações vividas.

Motivação = energia e força interior que brotam de dentro para o ambiente e conduzem a mobilização para ação com entusiasmo e comprometimento.

Quando os cinco pilares são devidamente desenvolvidos, o indivíduo adquire uma condição superior de lidar com as dificuldades inerentes à rotina e consegue ser mais equilibrado. Daniel Goleman prova, em várias pesquisas, que esse indivíduo é mais feliz e bem-sucedido nos âmbitos pessoal, profissional e financeiro.

Com os avanços tecnológicos, na virada do milênio as neuroimagens passam a trazer informações em tempo real do cérebro em processamento, o que vem a esclarecer que esse importante órgão do nosso corpo funciona de maneira integrada. O corpo caloso, estrutura fisiológica responsável por ligar o hemisfério esquerdo do cérebro ao hemisfério direito, integra cognição e emoção. Portanto, o que se confirma hoje é que o desenvolvimento cognitivo sofre influência dos aspectos emocionais, e o bom funcionamento emocional necessita do enriquecimento do arquivo mnêmico (da memória) por meio do *input* de dados, informações, conceitos e argumentos racionais.

Veja o que dizem os neurocientistas:

"Falar é terapêutico e libertador. Segundo diversos estudos, as pessoas que evitam comunicar como se sentem têm um maior risco de sofrer de câncer." (Chapman, Fiscella e Kawachi, 2013.)

"Quando expressamos o que sentimos em voz alta, diminui a intensidade do mal-estar que essa emoção pode estar provocando. Isso ocorre devido ao fato de que, dando voz às emoções, nossa amígdala cerebelosa diminui sua atividade, o que diminui, por sua vez, a reação emocional." (Lieberman *et al.*, 2007.)

"Além disso, saber expressar seus sentimentos aumenta sua força psicológica e sua capacidade para enfrentar momentos e situações difíceis." (Kross *et al.*, 2009.)

Por tudo isso, os Métodos CoRE KidCoaching® e CoRE TeenCoaching® entendem não desmerecer nem emoção nem razão, mas integrá-las,

Será que meu filho tem jeito?

auxiliando que as pessoas atendidas por essa abordagem sejam capazes, em primeiro lugar, de *distinguir os pensamentos dos sentimentos, sejam capazes de compreender e pensar o que sentem e refletir sobre isso* e, a partir daí, *sejam capazes de expressar em palavras o que pensam e o que sentem*; segundo, que, ao se munirem de informações, sejam capazes de *analisar os resultados e os comportamentos à luz de dados, comprovação de pesquisas e fatos*, além de serem capazes de *sentir em congruência com o que pensam*.

Os Métodos CoRE KidCoaching® e CoRE TeenCoaching® levam à prática da integração RAZÃO e EMOÇÃO porque estimulam, por meio de boas perguntas e pelo uso de recursos comunicacionais como a metalinguagem e a paráfrase, o falar e o pensar sobre o próprio sentir e sobre o próprio pensar.

A abordagem dos métodos se dá, fundamentalmente, por intermédio de uma comunicação inovadora dentro dos sistemas familiar e escolar, em que os adultos cuidadores se abstêm do julgamento, da acusação, da ameaça e da punição e iniciam uma relação com base na confiança mútua, na clareza, na diretividade da fala, na geração de autorresponsabilidade, na tomada de decisões e na realização de novas ações.

Desde a primeira turma de formação, em 2016, venho confirmando que as mudanças que os métodos propõem surgem muito mais rápido do que eu esperava. Também tenho notícias de que muitos pais e educadores estão reencontrando sua criança interior e cuidando dela com o uso dos métodos, por isso estão conseguindo se reaproximar dos filhos em casa e dos alunos em sala de aula – e isso me emociona profundamente!

Outra sacada que tive desde o início dessa experiência foi que aqueles que utilizam os Métodos KidCoaching® e TeenCoaching® compreendem a abordagem e conseguem aplicá-la facilmente e com segurança porque ambas apresentam aspecto lúdico e natural e levam a criança e o adolescente a expor seus sentimentos muito rapidamente, o que facilita a relação e a resolução de conflitos.

As técnicas e ferramentas utilizadas no atendimento individualizado a crianças, adolescentes e pais necessitam ser experimentadas e vivenciadas, o que é feito exaustivamente na formação dos Métodos CoRE KidCoaching® e TeenCoaching®.

Então, vamos às bases conceituais do Método CoRE.

De forma resumida, as bases do Método são:

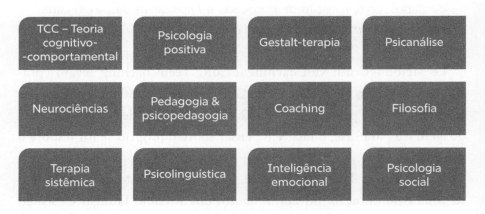

Os principais autores nos quais o Método se sustenta são:

Aaron Beck, **Judith Beck** e **Leahy**, em teoria cognitivo-comportamental.
Piaget, **Montessori**, **Paul Osterrieth**, **Paulo Freire** e **Isabel Adrados**, em pedagogia e psicopedagogia.
Winnicott, **Françoise Dolto** e **Melanie Klein**, em psicanálise.
Leonor Guerra e **Daniel Siegel**, na neurociência.
Daniel Goleman, em inteligência emocional.
Martin Seligman e **Adriana Santiago**, em psicologia positiva.
Romaneli, **Edith Goldbeter-Merinfeld**, **Elkaim**, **Zinker**, **Monica McGoldrick**, **Salvador Minuchin**, entre outros, em Gestalt.

Em síntese, o Método CoRE tem mais de psicologia e pedagogia que de coaching. O coaching tem grande contribuição no que tange aos princípios, que é o que veremos no próximo capítulo.

O problema das famílias não é a falta de comunicação, como muitos pensam. A falta de comunicação já é um sintoma de desequilíbrio do sistema familiar. No entanto, somente a construção de uma nova forma de comunicação entre os membros da família poderá reequilibrar esse sistema.

CAPÍTULO 4

Seis princípios do coaching que sustentam o Método CoRE

Princípios são preceitos ou lemas de ordem moral, cultural e filosófica que determinam a conduta de uma pessoa; também são os conceitos basilares que dão sustentação a uma teoria ou metodologia.

Princípio é um termo que vem do latim *principium* que significa origem, início, ou seja, o que está anterior, o que antecede ao que virá depois, definindo a direção e o norte a serem seguidos.

Em síntese, os princípios constituem um conjunto de padrões que são seguidos por uma pessoa ou instituição.

No que tange ao coaching, os princípios mais comumente encontrados nas diversas escolas e abordagens podem ser compilados nos seis abaixo:

1. Ter um objetivo SMART
2. Não julgamento
3. A resposta está dentro das pessoas
4. Desenvolvimento de habilidades
5. Rompimento de crenças limitantes
6. Autorresponsabilidade

Na constituição do Método CoRE, os seis princípios do coaching foram absorvidos da seguinte maneira:

Princípio 1 - Construção de um objetivo claro a ser atingido

O objetivo a ser construído logo no início do processo necessita ser específico, mensurável, alcançável, relevante e temporizável.

Ou seja, é necessário ter uma definição clara de aonde se quer chegar, e esse ponto deverá ser diferente daquele em que a família e/ou a sala de aula estão no momento.

Esse princípio traz muita rapidez de resultados aos atendimentos de famílias e escolas, porque os envolvidos passam a ter clareza de para onde desejam caminhar.

A boa construção de um objetivo **SMART** – e**S**pecífico (*specific*), **M**ensurável (*measurable*), **A**tingível (*attainable*), **R**elevante (*realistic*) e delimitado no **T**empo (*time-bound*) – torna-se verdadeiramente efetiva no Método CoRE porque toma emprestados conceitos e práticas da Gestalt-terapia e de seu vasto arcabouço e manejo de terapia de família.

Outro grande diferencial na construção do objetivo SMART na abordagem do Método CoRE é que logo na primeira sessão esse objetivo é traçado em conjunto com a criança e os responsáveis, com a mediação de um profissional treinado no Método CoRE KidCoaching®.

Princípio 2 - Não julgar e não dizer à criança o que deve ser feito

O julgamento não leva a criança nem a família à mudança!

O sistema familiar, como todo e qualquer sistema humano, se constitui dentro do que lhe foi possível em função do *status* individual do sujeito naquele momento específico, em função das condições ambientais e em função dos recursos internos de cada sujeito e dos recursos disponíveis no seu entorno, e, com base nessas condições únicas de cada sistema, este se sustenta. Portanto, julgar que mãe não podia fazer assim, que filho é mesmo endiabrado, que o pai é ausente não cabe, não ajuda em nada. Julgar

Será que meu filho tem jeito?

pai, mãe, criança, adolescente, professor não altera em nada as condições que aquele determinado sistema familiar apresenta e mantém.

Para alterar um sistema que se autossustenta e do qual cada elemento, à sua maneira, se beneficia, a mediação e o distanciamento dos padrões de certo e errado, dos padrões de bom e mau é que irão contribuir para revisão e reestruturação desse sistema. Se a atitude de quem pretende ajudar for o julgamento, inevitavelmente depois do julgamento será feita uma recomendação, uma sugestão, uma orientação expressa a ser seguida. Na prática, sugestões e orientações sobre o que a família, a professora, a criança e o adolescente devem ou não fazer não se mostram eficazes, à medida que as soluções que funcionaram para determinado sistema que possui características exclusivas funcionam exclusivamente para esse determinado sistema.

A grande contribuição da abordagem coaching e da Gestalt aqui aplicados é auxiliar os indivíduos de determinado sistema a encontrar, de acordo com as próprias condições, características e estilos, o que vai funcionar para eles para que seus objetivos sejam atingidos.

Princípio 3 – Ajudar a criança a encontrar suas melhores respostas

Com base em estudos e pesquisas da psicolinguística, pude dar sustentabilidade a esse princípio do coaching que preconiza o uso das chamadas "boas perguntas". É por meio de boas perguntas, bem estruturadas, que pais, professores e educadores podem fazer com que a criança e o adolescente pensem, analisem e descubram a melhor resposta perante situações que estejam vivenciando.

As boas perguntas possuem as seguintes características:
- Clareza, diretividade e respeito à evolução do vocabulário da criança e do jovem;
- Abordam apenas um tema específico de cada vez;
- São formuladas de maneira aberta com o uso de expressões: "O quê?", "Qual?", "Como?" – Ou fechadas com o uso de expressões

"Quanto?", "Quem?", "Quando?" de acordo com o que se quer alcançar naquele diálogo.
- Não são óbvias, mas, sim, bem colocadas, de forma que a criança e o adolescente consigam acessar e compreender suas questões internas e encontrar novas saídas para essas questões.

Princípio 4 – Desenvolver as habilidades que faltem

O que o coaching traz de inovador nesse princípio é o uso de várias técnicas e ferramentas que auxiliam na evolução dos participantes, por acreditar que todo crescimento se dá por meio de um processo de desenvolvimento.

As técnicas, as ferramentas e o material para aplicação recebem influência da ludoterapia, dos testes projetivos e da TCC – teoria cognitivo-comportamental e são aplicados, com a devida prática e supervisão, na formação do Método CoRE.

De fato, os instrumentos criados para aplicação no atendimento individualizado facilitam a aproximação com a criança e o adolescente e seu universo. Constituem um aparato de novas ferramentas para que pais, professores e profissionais consigam acessar, com facilidade, os pensamentos e os sentimentos de crianças e adolescentes, potencializando seus melhores recursos pessoais para ajudá-los a experimentar novas atitudes no desenvolvimento de habilidades socioemocionais de relacionamento, comunicação, empatia, convívio social, de saber se posicionar, tanto em casa quanto na convivência escolar.

Princípio 5 – Romper crenças e esquemas desadaptativos que estejam limitando a criança e o adolescente a atingir seu objetivo.

As crenças limitantes surgem já na infância e podem ter efeitos devastadores por toda a vida da criança, uma vez que se sustentam nas evidências que ela cria, sem perceber, quando se vê em situação semelhante à que gerou determinada crença. A TCC – teoria cognitivo-comportamental muito contribui para a aplicação de ferramentas nas quais as crenças autolimitantes passam a dar lugar a pensamentos alavancadores e a novas atitudes perante situações antes assustadoras.

Durante todo o processo, as crenças sabotadoras são desafiadas, e há a desinstalação de comportamentos-padrão inoperantes que estejam impedindo a criança e o adolescente de crescer e amadurecer.

Princípio 6 – Autorresponsabilidade

Esta é uma premissa para o sucesso do processo no Método CoRE: a autorresponsabilização.

Com isso, estou falando de gerar o comprometimento da criança e do adolescente com a própria vida, de modo a torná-lo responsável por suas ações e pelas consequências de suas atitudes.

Mas atenção: não estou falando de culpar, tampouco de permitir que a criança faça tudo o que quiser. Estou falando de levar a criança a ter as rédeas da própria vida nas mãos e ser capaz de perceber os impactos de suas ações a sua volta. E assim apropriar-se como o principal responsável pelo sucesso dos seus resultados ou insucessos.

Isso traz grande poder à criança e ao adolescente. Levando-os a compreender e a sentir que é possível obter novos resultados na vida, eles serão capazes de revisitar seus pensamentos, restaurar sua autoconfiança e ao analisar suas atitudes decidir por alterá-las.

Método CoRE = PSICOLOGIA + COACHING

É, portanto, na junção dos princípios da psicologia com o coaching que se torna possível constituir um método tanto útil quanto efetivo para fazer frente às infindáveis questões contemporâneas que se nos apresentam nas relações dentro de uma sociedade pós-moderna.

Considero que um pai, uma mãe, um professor, um coach infantil, um pediatra, um nutricionista e muitos outros profissionais estarão muito mais bem preparados em sua missão na lida com a infância e com a adolescência:

- ao conhecerem o desenvolvimento psíquico e as fases naturais de evolução do sistema egoico da criança e do adolescente, como elucida a psicanálise;
- ao compreenderem, por meio da TCC, a importância de se caminhar na direção nova do que se quer ter a partir de então, a despeito do passado que se tenha vivido, podendo modificar sua forma de agir e obter novos resultados na vida a qualquer tempo;
- ao absorverem, da Gestalt-terapia, o conceito espetacular do "aqui e agora", numa vivência plena do presente, das sensações, pensamentos e emoções dentro da perspectiva de *awareness* – **PRESENÇA PLENA.**

E é assim que o coaching passa a ter uma contribuição na reconexão de milhares de famílias e na restauração das relações entre pais e filhos.

Associar Coaching e Psicologia não deveria causar estranheza, visto que a maioria das técnicas do Coaching tiveram sua origem e inspiração nos conceitos e nas técnicas da TCC – Teoria Cognitiva Comportamental.

CAPÍTULO 5

A relação entre
pais e filhos

Estabelecer uma relação funcional entre pais e filhos é fundamental para o desenvolvimento saudável da criança. Ao mesmo tempo, é um enorme desafio a ser concretizado, pelo fato de que muitos pais ainda não equacionaram situações da própria infância que, tendenciosamente e sem perceber, acabam projetando na relação com os filhos.

De que forma é possível construir esse vínculo positivo com os filhos?

Por meio de cinco pilares que aproximam e geram verdadeira conexão familiar, são eles: **DIÁLOGO, GERAÇÃO DE CONFIANÇA, SEGURANÇA, AMOR e BRINCADEIRA.**

1. Diálogo

Toda manifestação de emoção, ainda que seja a raiva, é uma forma de expressão do sujeito. No entanto, é possível ajudar a criança a se posicionar, expressando suas emoções com o uso da palavra, daí a grande importância do diálogo.

Claro que o diálogo tem a função de estabelecimento de troca de pontos de vista entre duas pessoas, mas, no caso do diálogo entre pais e filhos, este tem outra importante função, que é o adulto auxiliar a criança na elaboração cognitiva sobre suas múltiplas e difusas sensações e emoções.

Portanto, pais podem ser agentes fundamentais de prevenção do adoecimento emocional e na promoção de saúde mental, emocional e comportamental, incentivando seu filho a identificar as próprias necessidades, ser capaz de dar "nomes" aos seus sentimentos, ordenar seus pensamentos e, com base nessa conversa produtiva com o adulto, ter maior tranquilidade em se posicionar no mundo que o cerca com grande quantidade de estímulos (sendo que muitos desses estímulos são até incongruentes).

Aqui, valem algumas reflexões iniciais:
- ▶ Como é a comunicação entre você e o seu filho?
- ▶ Você sabe se expressar de forma clara e objetiva?
- ▶ Fala o conteúdo junto com a devida e respectiva emoção?
- ▶ Como o seu filho se expressa?

Nem sempre os pais sabem como construir um diálogo horizontalizado com seus filhos, de modo que eles compreendam o porquê de determinadas normas e regras e possam expressar seus pontos de vista em relação a elas.

Observe, pense e responda:
- As conversas entre mim e meus filhos são tensas?
- Desgastantes?
- Arrastadas?
- E não resolvem?

AGORA RESPONDA ÀS SEGUINTES PERGUNTAS SOBRE QUANDO VOCÊ VAI CHAMAR A ATENÇÃO DO SEU FILHO:

1. Você fala no momento em que a dificuldade acontece?
   SIM ☐
   NÃO ☐

Será que meu filho tem jeito?

2. Você fala em qualquer lugar, na frente das pessoas?
   SIM ☐
   NÃO ☐

3. Você fala a qualquer hora, no meio do almoço, na hora de dormir?
   SIM ☐
   NÃO ☐

E AGORA VEM O PONTO NEVRÁLGICO:
4. Você fala para aliviar ou para resolver a situação?
   ALIVIAR ☐
   RESOLVER ☐

Sobre a questão 1

Falar no momento em que a situação acontece é ótimo, porque quando você se manifesta logo na primeira vez em que ocorre um problema ou uma atitude indesejada de seu filho, sua irritação ainda não está no nível máximo, então, em geral, é mais fácil conversar sem acusações e brigas. O problema é quando você já está aborrecido. Nesses casos, espere baixar a intensidade emocional para conversar com seu filho.

Sobre a questão 2

Falar em qualquer lugar, incluindo na frente de outras pessoas, constrange a criança e/ou o adolescente e, pior, gera grande sensação de não pertencimento, porque, para ele, é como se você se aliasse aos outros em busca de aliados e apoio de que está certo contra ele. E, cá entre nós, essa atitude definitivamente não altera o comportamento indesejado; ao contrário, estimula sua manutenção.

Sobre a questão 3

Falar sobre questões conflituosas que normalmente trazem debate acalorado entre você e seu filho na hora que seriam e precisam ser de paz, como hora de comer ou de dormir, traz sofrimento, agitação e uma experiência que poderá se consolidar em dificuldades na alimentação e no sono.

Sobre a questão 4

Toda vez que você fala com seu filho para aliviar a tensão, nem sempre percebe que o fez com essa intenção; as palavras simplesmente fogem da boca e não resolvem a situação – só geram alívio mesmo.

E se policiar não adianta!

Conversas consigo mesmo sobre o que você quer e sobre como quer agir a partir de agora vão ajudar muito mais.

Antes de iniciar uma conversa com seu filho por causa de alguma situação difícil que esteja acontecendo, tenha claro **o que** você quer resolver ao final dessa conversa. Para isso, facilita muito anotar em um papel o objetivo da conversa – fica mais fácil se ater ao que você quer falar.

Agora vou apresentar algo que facilitará a conversa com seu filho: as boas perguntas, ou perguntas ReDA:

Re = Reflexão
D = Decisão
A = Ação

- As perguntas
  - devem ter isenção – desprovidas do seu julgamento de certo e errado e isentas de levar a uma resposta esperada por você;
  - não devem ser feitas quando o adulto estiver aborrecido ou sem paciência, porque só levariam ao estresse da relação, irritação mútua e afastamento;
  - devem ter o propósito genuíno de levar a criança e/ou o adolescente a refletir e a descobrir novos entendimentos, novas perspectivas, novas estratégias e novas ações.

Será que meu filho tem jeito?

- Perguntas que trazem uma crítica velada não levam a criança e/ou o adolescente a refletir.
- Perguntas que já incluem uma sugestão podem funcionar, mas só por um curto tempo. A criança percebe rapidamente esse direcionamento e pode reagir de forma passiva e acostumar-se a aguardar que decidam por ela ou sentir-se obrigada a fazer o que o adulto deseja.
- As perguntas sugestivas, ou mesmo as sugestões sem perguntas, mantêm a criança insegura, levando a:
  - ▶ falta de posicionamento e de decisão sobre o que quer;
  - ▶ não compreender por que é importante fazer
  - ▶ e não entender as consequências por não fazer.
- Boas perguntas começam com as expressões:
  - ▶ QUAL...?
  - ▶ O QUE...?
  - ▶ Como...?
  - ▶ PARA QUE...?
  - ▶ QUANDO...?
  - ▶ COM QUEM...?
- Boas perguntas trazem encaminhamento para o raciocínio de tomada decisão e ação, do tipo:
  - ▶ DE QUE FORMA...?
  - ▶ EXISTE ALGUMA MANEIRA...?
  - ▶ SE FOSSE POSSÍVEL...
  - ▶ COMO SERIA SE...?
  - ▶ QUANTO ISSO É IMPORTANTE...?
  - ▶ QUANDO SERÁ FEITO...?
  - ▶ SE VOCÊ PUDESSE...
  - ▶ O QUE VOCÊ FARÁ...?
  - ▶ O QUE VOCÊ PODERIA...?
  - ▶ QUANTO ISSO SIGNIFICA PARA VOCÊ?

Diálogo Horizontal é falar com o filho no mesmo plano, que significa expor seu ponto de vista com firmeza e mansidão ao mesmo tempo, em seguida ouvir empaticamente até o término da fala do filho, na sequência ponderar junto com o filho o que foi dito, levando em consideração o sentir, o pensar e o contexto do filho, para a partir daí ser capaz de agir de forma mais apropriada para seu próprio bem e pelo bem dos que estão à sua volta.

Portanto, Diálogo Horizontal implica:
1. Acolher/ouvir;
2. Abandonar a postura professoral de quem sabe tudo que é o melhor para seu filho/fllha;
3. Jamais negar o sentimento;
4. Estimular a criança/adolescente a fazer suas próprias considerações;
5. Ouvir não significa concordar, colocar seu ponto de vista;
6. Levar a criança/o adolescente a uma tomada de decisão.

Crianças e adolescentes que mantêm diálogo horizontal com os pais podem conversar com eles sobre seus medos e suas angústias, pois têm confiança na relação e se sentem seguros de receber deles a ajuda de que necessitam.

2. Confiança

O estabelecimento da confiança entre filhos e pais é quase orgânico. Isso se dá pela dependência desde o nascimento, que se estabelece para a própria sobrevivência; porém só ocorre se a criança não é privada de alimento, de cuidados básicos, de tempo e de afeto, porque diante dessas privações ela não tem a chance de confiar plenamente em seus cuidadores. Entra em sofrimento e, com uma nítida sensação de abandono, não se entrega a essa relação com confiança, e essa marca se estenderá por todas as relações ao longo da vida.

Como estabelecer uma relação de confiança mútua entre pais e filhos?

Toda relação é uma via de mão dupla, e, no caso de crianças, o modelo de confiança se constitui a partir do adulto cuidador. Portanto, o adulto pode se entregar de cabeça na relação, rompendo com experiências passadas nas quais precisou se resguardar para não ser injustiçado/desprezado/desqualificado etc. Acreditar que a relação com seu filho pode ser uma relação nova, sem deixar que haja contaminação de vivências anteriores, acreditar que essa nova relação pode ser vivida de forma única e verdadeira, vai gerar um novo padrão de relacionamento para o próprio adulto, transmitindo para a criança que ela pode, sim, confiar na troca, na entrega que se configura em confiança.

3. Segurança

Pais que não têm autoconfiança dificultam a construção saudável de padrões de segurança e tranquilidade da criança e do adolescente, pois podem, sem querer, transferir muitos de seus medos, indecisões, angústias, inseguranças e travas emocionais para a relação com os filhos, o que poderá torná-los instáveis e dependentes ou até fazer que se retraiam diante dos riscos inevitáveis e dos confrontos que a vida vai lhes apresentar, invariavelmente.

O Método CoRE vai trabalhar intensamente no auxílio aos pais para que rompam com sombras e fantasmas que ficaram no passado, ajudando-os a perceber que essas sombras não fazem mais parte da vida adulta, fortalecendo-os por meio da descoberta de seus próprios recursos internos positivos, para que possam se apropriar do que têm de melhor e consigam se posicionar com maior firmeza, autoestima e autoconfiança, o que acabará ampliando a segurança do filho diante do mundo que o cerca.

4. Amor

O amor é um sentimento fluido, quase intangível, mas que definitivamente é com facilidade sentido e percebido pela criança que tem um "supersensor" de **amor** e de **não amor**, por ter o sistema límbico completamente desenvolvido. A criança não compreende, não expressa verbalmente, não sabe nem mesmo conversar sobre o que sente e percebe, mas simplesmente percebe quando é vista como um estorvo, quando é tratada com desconsideração e desprezo, ou quando é acolhida, acalentada e ouvida profunda e verdadeiramente. E essas percepções que a criança vai captando dos adultos (pais e professores em especial) acerca de si serão registros que ela vai espelhar de si para consigo também.

Crianças amadas apresentam níveis mais altos de ocitocina, hormônio produzido pelo hipotálamo responsável por promover efeitos positivos no organismo, como sensação de confiança, empatia, amor, felicidade e bem-estar. Quando a criança recebe afeto por meio de um abraço, de um beijo, de uma massagem, há a liberação desse hormônio, essencial na formação cerebral. A ocitocina acalma todas as partes cerebrais acionadas em situações de estresse e faz com que o cérebro adquira a capacidade de criar vínculo interpessoal, além de funcionar como prevenção à ansiedade e a outros transtornos de comportamento.

5. Brincadeira

É por meio da brincadeira que a criança consegue expressar emocionalmente o que está sentindo, e, muitas vezes, a brincadeira servirá como palco de resolução de incômodos, medos, inseguranças etc.

Dar espaço para que as crianças brinquem sozinhas é permitir que acionem o processo interno de fantasia *em associação com a* realidade para dar seguimento a autorregulação emocional e, assim, consigam lidar com dores e elaborar, por meio do lúdico, percepções ambíguas ou assustadoras.

Será que meu filho tem jeito?

À medida que o lúdico e o divertimento passam a fazer parte da rotina doméstica das crianças, há mais leveza nas relações entre pais e filhos.

Pais que brincam com seus filhos conseguem participar do universo infantil, transmitindo aprendizados e valores fundamentais para o desenvolvimento da criança, além de se conectarem afetivamente com a criança.

==Brincar com o seu filho, dedicar-se mais a ele auxilia a desenvolver as suas potencialidades de relacionamento.==

A BRINCADEIRA É A FERRAMENTA MAIS PODEROSA DE ACESSO AO MUNDO INFANTIL.

O que fazer quando há dificuldades de brincar com as crianças?

A) Reconhecer que está tendo dificuldade em brincar e reencontrar sua criança interior;

B) Responder para si mesmo: Como foi a sua infância? De que a sua criança gostava de brincar? E, principalmente, como você cuida da sua criança interior hoje?

C) Permitir-se entrar no mundo lúdico com o seu filho. Divertir-se com ele e perceber as expressões e as representações que ele faz do mundo em sua fantasia.

Quando o adulto se permite viver a brincadeira em vez de fazer da brincadeira uma obrigação, naturalmente se diverte também e reforça o entendimento da criança de que a vida pode ser leve e alegre. No entanto, devemos considerar que os acontecimentos que a sociedade experimenta na contemporaneidade distanciam crianças da sua própria infância, distanciam a criança dos jogos e folguedos ao ar livre. No próximo capítulo, faremos uma análise sobre como é ser criança no meio de tantos estímulos, dissidências, angústias e temores em tempos de grande exposição virtual.

CAPÍTULO 6

Reflexos do mundo contemporâneo sobre a criança e o adolescente

A passagem da sociedade tradicional para a sociedade moderna impactou na construção de novos valores, pensamentos e ideais. Tal movimento gerou consequências nos indivíduos, nas suas relações e no desenvolvimento psicofisicossocial infantojuvenil.

A consolidação do papel da mulher no mercado de trabalho levou a maior participação da figura paterna na criação dos filhos. Dependendo de cada sistema familiar em específico, passou a existir uma competição prejudicial entre o par de cuidadores ou uma distribuição mais igualitária dos deveres de cada um com a prole.

A contemporaneidade trouxe também a viabilidade da separação conjugal e a reconstrução de uma família, possibilitando o recasamento e a integração de novos membros, o que traz novos olhares e nova dinâmica relacional entre eles por causa das novas e variadas configurações familiares.

Zygmunt Bauman (1925-2017), sociólogo e filósofo polonês, professor emérito de sociologia das Universidades de Leeds e Varsóvia, proporciona estudos sobre o mundo contemporâneo e descreve a nossa sociedade como inserida numa "modernidade líquida".

Essa sociedade é pautada no consumo, no desejo de obter um produto pronto, de uso imediato, para satisfazer totalmente a necessidade imediata. Isso cabe do mesmo modo para a repercussão no desenvolvimento do indivíduo e na produção de sua subjetividade. A decorrência é que não há espaço para a frustração e há uma valorização da individualidade, como a autonomia e uma constatação experimentada pelos sujeitos de que a vida precisa ser vivida de forma intensa e corriqueira.

E como essa modernidade líquida se reflete na infância e na adolescência?

> Essa sociedade impõe que a criança e o adolescente vivam uma vida intensa e feliz. Uma vida em que não haja espaço para frustrações e tristezas.

Qual é o impacto prático desses aspectos na criança e no adolescente?
RELAÇÕES FAMILIARES EM CONFLITO COM O MUNDO DIGITAL, em que os pais não têm total controle sobre como as crianças se comportam e com quem elas falam.

> PROIBIR QUE SEU FILHO TENHA PERFIS EM REDES SOCIAIS NÃO GARANTE LIMITE À INFORMAÇÃO DE QUE ELE PODE OU NÃO TER ACESSO.

Alguns pais transitam entre a dúvida se devem ou não visualizar as redes sociais acessadas pelas crianças. Fato é que o mundo digital propicia um vasto campo de oportunistas abusadores que aguardam uma criança desorientada. Então o ponto não está SÓ em visualizar ou não as redes

Será que meu filho tem jeito?

ingressadas pelas crianças, mas antes fazer um acompanhamento de perto da rotina da criança, de como ela está se sentindo, que experiências está tendo no mundo *on-line* e principalmente no mundo *off-line*.

Precisamos admitir que não existe a possibilidade de um perfeito controle com o que a criança interage, no entanto é possível estar atento aos movimentos da criança e do jovem. O bônus e o ônus desenfreados produzidos na contemporaneidade foram o fácil e exacerbado acesso à informação por parte dos pequenos.

No entanto, vale lembrar que crianças e jovens se expõem mais facilmente a situações de risco, seja *on-line*, seja *off-line*, quando os pais não dialogam abertamente com seus filhos e não transmitem valores e limites necessários em cada idade. Além disso, vale lembrar que crianças e adolescentes precisam de rotina e, na sociedade moderna, estão se habituando a dormir tarde, então criar um horário e uma dinâmica de funcionamento para toda a casa vai auxiliar muito o natural controle da internet na vida de todos os membros da casa.

A melhor forma de auxiliar os filhos em tempos tão desafiadores é começar por você mesmo. Crianças modelam os adultos próximos, em especial pai e mãe. Então vale a pena sempre ser redundante sobre uma autocrítica quanto aos hábitos de uso excessivo de tela dos próprios adultos cuidadores.

Por outro lado, como a família poderia fazer uso de tanta tecnologia, apps, para gerar mais proximidade, diversão e companheirismo para unir a família? Essa é uma pergunta para cada família responder... Na sua forma própria de funcionar e com sua criatividade, poderá encontrar mecanismos de afeto real, embora em mídia virtual. Nos *tablets* e nos videogames podem ser inseridos instrumentos sobre valores e ensinamentos à constituição salutar da criança.

A era digital trouxe consigo o afastamento das crianças do meio social. Procurar interagir e promover a interação por meio dos jogos tende a ser produtivo para a saúde da criança e da família toda. Sem se dar conta, alguns pais abdicam do seu tempo de brincadeira com o filho para colocá-lo diante de uma TV. É importante estar atento para perceber se a compulsão da criança por televisão, *tablets*, *games*, celulares não está refletindo apenas um hábito instalado na rotina familiar e, com base nisso, simplesmente alterar esse hábito poderá trazer mais conexão, afeto e relacionamento no seio doméstico. Estudos comprovam que crianças que não se relacionam com outros indivíduos são crianças que não conseguirão se desenvolver social e cognitivamente.

Outro aspecto que merece consideração diz respeito ao comportamento cada vez mais comum de consumo entre os jovens.

Consumismo infantojuvenil

Estamos assistindo a crianças e adolescentes vivendo um fácil descarte de bens de consumo, juntamente com uma forte necessidade de obter produtos exageradamente anunciados como sendo a única forma de se inserir socialmente. Assim, esses jovens passam a sentir falta de algo que de fato não faz falta em sua rotina, exigindo bens de consumo, às vezes até bem caros, como um iPhone último tipo, porque os amigos já adquiriram. Dessa forma, as reais necessidades como troca, brincadeira, afeto, ar livre, jogos que integram coletivamente por ter regras para todos os participantes, proximidade com seus iguais... vão sendo deixados de lado, trazendo grandes prejuízos aos processo de socialização, administração de conflitos, capacidade de lidar com frustrações e habilidades socioemocionais.

Ora... essa constatação nos conduz a algumas reflexões:

1º Que tipo de sociedade estamos oferecendo aos nossos jovens que os leva a sentirem-se confusos quanto aos critérios e valores de convivência, que os leva a sentirem-se confusos em definir como querem agir e se comportar?

2º Como nossas famílias estão depurando o que vem de fora? Ou não estão fazendo essa depuração? Não está sendo feito um filtro da estrutura externa constituída em função das interações globalizadas, das interações virtuais, dos avanços tecnológicos intermináveis?

Será que meu filho tem jeito?

3º A solução seria uma blindagem da porta de casa para dentro? E que tipo de blindagem seria essa? Ir na contramão do *statu quo* social? Contrariar os estímulos de consumo desenfreado?

Não existe uma resposta única a essas questões, mas todos os adultos cuidadores educadores necessitam debater e pensar esses pontos.

Outro tema que nos chama atenção na sociedade contemporânea trata-se da *ADULTIZAÇÃO* – em que os pequenos costumeiramente têm uma agenda pesada, com excesso de atividades, para que atinjam "alta performance" quando crescerem.

O que você quer ser quando crescer?

Essa aceleração com uma projeção de futuro tira a criança do "aqui e agora". O importante é o hoje. É a criança experimentar sua infância.

As expressões "trabalho", "futuro profissional" e "carreira" jamais deveriam figurar na mesma frase em que há a palavra "criança".

O que realmente vai preparar a criança para ser alguém no futuro são:
- alimentação adequada, cuidados com higiene e saúde
- afeto e limites
- comunicação fluida – diálogo e troca real
- estímulos cognitivos
- BRINCAR
  - BRINCAR não é só divertimento e lazer;
  - BRINCAR estimula principalmente três áreas: emocional, social e cognitiva;
  - Ao brincar, a criança aprende muuuuuito!!!
  - Ao brincar, a criança explora e reflete a cultura e as realidades onde está inserida;
  - A experimentação dos papéis sociais (pai, mãe, médico, professor etc.) por meio do faz de conta auxilia a criança a compreender

o mundo adulto na sua perspectiva. Esse ensaio ajuda a criança a compreender como as coisas funcionam e entender como ela mesma age e reage.

==Se pais querem, verdadeiramente, contribuir para que seus filhos sejam adultos de sucesso, deixem-nos brincar!==

Na sociedade contemporânea existe uma exacerbação da performance do indivíduo adulto e, consequentemente, também da criança e do jovem, restando pouco tempo para hora livre de brincadeira e convívio com seus iguais. Há uma exigência de muitos pais em querer que o filho execute muitas tarefas, e, assim, a criança deixa de ser criança e começa a agir e reagir com jeito de adulto... Fica estafada por realizar tantas ocupações e começa a apresentar sinais de estresse e de ansiedade, entre eles inquietude, sudorese nas mãos, insônia, irritabilidade, fadiga.

Neste universo contemporâneo, instituem-se "crianças adultinhas", que estão mais interessadas em sua imagem do que propriamente em seus valores. Além disso, o imperativo de ter que dar conta de tantos afazeres acarreta também o afastamento do mundo lúdico e das fantasias, tão importantes e presentes nas brincadeiras. Crianças "adultinhas" tendem a ser adultos fragilizados.

- Ao brincar, a criança tem oportunidade de simular situações e conflitos da sua vida familiar e social, o que lhe permite expressar seus pensamentos e suas emoções;
- Brincar é uma forma segura de as crianças encenarem seus medos, angústias, agressividade e de elaborarem seus conflitos internos;
- Nos jogos, o exercício de perder permite que a criança experiencie a resistência à frustração. Aprender a lidar com a frustração é essencial para o equilíbrio emocional e para o desenvolvimento da personalidade;

Será que meu filho tem jeito?

- Ao brincar, a criança desenvolve o raciocínio, a atenção, a imaginação e a criatividade. As novas linguagens e desafios da brincadeira permitem à criança pensar, e pensar de forma criativa.

Cada etapa da vida é importante. É importante que a criança tenha um tempo para si, como um ócio criativo, em que esta expressará apenas a sua espontaneidade, livre de compromissos, obrigações e horários.

==Se os pais querem ver seus filhos prósperos, bem-casados, com um bom emprego no futuro, estimulem que corram, brinquem, se divirtam, criem... enfim, deixem que eles sejam crianças na infância!==

Ao brincar, a criança aprende a partilhar, cooperar, comunicar e a relacionar-se, desenvolvendo a noção de respeito por si e pelo outro, bem como reforça sua autoimagem e autoestima.

Citando o pediatra e psicanalista britânico Donald Woods Winnicott (1896-1971): "a brincadeira é universal e própria da saúde: o brincar facilita o crescer; logo, a saúde".

Mais uma vez: cada etapa da vida é importante!

É importante que o adolescente ouça música, dance, ria com outros jovens, teste e experimente comportamentos de adequação aos grupos que vai conhecendo, encontre formas de se inserir nesses grupos e experimente a sensação de pertencimento.

O grande desafio dos pais e educadores é compreender que não será pulando etapas que se poderá acelerar a maturação psicológica, neurológica, comportamental e social da criança. Mas, ao contrário, ao pular etapas importantes da vida, como o brincar e o divertir-se, os jovens adultos virão a criar uma "pseudoforça" e não conseguirão caminhar com as próprias pernas.

Marcia Belmiro

Pais abertos à autoanálise e em processo contínuo de maturidade emocional conseguem rever os estímulos sociais que projetaram sobre seus filhos e entendem que não precisam levar seus filhos a angariarem o sucesso, a popularidade, *o status*, a admiração, o reconhecimento que porventura eles próprios ainda não obtiveram.

Outro ponto de atenção na atual sociedade diz respeito à EROTIZAÇÃO PRECOCE das crianças.

O uso de meios de comunicação, como os celulares dos pais e o próprio computador com acesso à pornografia é prejudicial à criança. Crianças que assistem a programas de TV com conteúdo inapropriado para a faixa etária apelam para um exibicionismo corporal e se colocam em situações de risco.

Aproveitar e utilizar a televisão e outros canais para poder falar sobre a sexualidade, de acordo com a idade da criança, é interessante e necessário, o que facilita para tirar possíveis dúvidas sobre o tema e quebrar alguns tabus e não tem nada a ver com erotização.

É importante ressaltar que as situações que acompanham o desenvolvimento humano nunca andam isoladas. Vários autores alertam que a falta de estímulo dos pais para os momentos de brincadeira e proximidade genuína com os filhos pode favorecer a erotização infantil precoce.

Afinal, o que é erotização precoce? É a exposição da criança a ambientes, experiências ou conteúdos não pertecentes ao universo dela ou à sua faixa etária. O início da sexualidade na vida da criança, rompendo a barreira do saudável (a descoberta, a transformação), para a fixação/compulsão em obter prazer na masturbação, é um exemplo de erotização precoce.

A masturbação é uma forma de a criança conhecer o seu corpo e descobrir o prazer. Faz parte do ensinamento orientar a criança sobre o ambiente e o momento em que se deve realizar tal prática. Porém, o comportamento compulsivo dessa prática norteia para um sinal de ansiedade, pois absorve toda a atenção da criança.

 Fundamental ensinar o conceito de intimidade.

Será que meu filho tem jeito?

Nessas breves considerações sobre os reflexos da contemporaneidade sobre a criança e o adolescente, eu não poderia deixar de mencionar a DIFICULDADE EM LIDAR COM O LIMITE E A FALTA.

Em nossa sociedade moderna, crianças e adolescentes encontram-se fragilizados e enfraquecidos pela grande quantidade de situações que estão vivenciando, desde precisar atender às altas expectativas demandadas pela web, se relacionar com seus pares e ser aceitos por eles, até as dificuldades de desempenho acadêmico e de relacionamento com os pais. E, para culminar, na família contemporânea, em especial nas de classes média e alta, há a imensa necessidade dos pais em agradar aos filhos em demasia, para compensar o fato de que a jornada de trabalho extenuante os impede de dar a atenção necessária a eles, o que os fragiliza ainda mais.

Os mecanismos compensatórios na busca de poupar os filhos da ausência afetiva e educativa dos pais propicia uma inversão de lógica, em que quanto mais lacunas de distância, mais tentativas de compensação com brinquedos, viagens, roupas e permissões. Querer agradar ao filho com mimos e compensações materiais por causa da falta de convivência suscita nesse jovem uma forte necessidade de preenchimento de vazios existenciais que vão aumentando ao limite de grandes esburacamentos emocionais e os enfraquecem para lidar com as naturais frustrações do dia a dia.

Aprender a lidar com a frustração e encontrar saídas torna o sujeito mais robusto emocionalmente e o prepara para o desenvolvimento da vida.

COMO AJUDAR NOSSOS JOVENS A SE PREENCHER INTERNAMENTE, DE VERDADE?

A) Exponha claramente seus sentimentos sobre quanto gostaria de estar mais próximo e presente.

B) Explore junto com seu filho / filha alternativas de estarem juntos, ainda que a rotina de trabalho seja muito extensa, e formas alternativas de suprir sua ausência.

C) Ensine valores e princípios consistentes ao seu filho / filha em conversas abertas sobre a vida, sobre atitudes e suas consequências.

D) Pense junto sobre o que esse jovem pode ter de produtos que o desenvolverão e são verdadeiramente necessários para seu crescimento.
E) Esclareça quais produtos você pode financeiramente oferecer aos filhos.
F) Ensine a valorizar o que tem, não o que não tem, assim o jovem não ficará na falta, e sim com a presença.
G) Ensine que ganhar e perder faz parte da vida.

Reflexões para os pais

1. Como a sua jornada de trabalho e a sua necessidade de individualidade influenciam na participação que você tem na vida do seu filho?
2. Como é o tempo que estão juntos? Há um aproveitamento ou um mecanismo compensatório baseado no sentimento de culpa?
3. Como você quer que seja a partir de agora?
4. Aproveite e reflita sobre parentalidade participativa x parentalidade distraída.

A falta da presença não consegue ser suprida por nenhum bem ou objeto, mas e quando a falta da presença acontece pela separação dos pais? Como lidar com essa questão? É o tema do próximo capítulo.

No futuro, o que acalantará seu filho num momento de dor ou perda não será o brinquedo de edição limitada que ele ganhou no Natal, mas aquela "chuva de cosquinha" e as muitas gargalhadas que vocês deram juntos.

CAPÍTULO 7

Separação dos pais

Como ajudar a criança a lidar com a separação dos pais e a inclusão de novos arranjos conjugais?

Minha primeira narrativa a você sobre esse assunto é a seguinte: os casais que buscam a separação conjugal como opção refletiram sobre essa decisão ao longo de determinado período, então não queira que seu filho assimile a ideia da separação da noite para o dia.

É necessário comunicar à criança aos poucos, respeitando o seu momento. Não economize explicações e abra espaço para que seu filho fale, diga o que pensa, exponha seus medos e raivas.

Aproveite para ir construindo com a criança a noção de vínculo. Ajude-a a entender que o vínculo afetivo entre pai e mãe é diferente do vínculo afetivo entre pais e filhos. Para que minimize a fantasia infantil de que "se estão se separando, podem também se separar de mim".

Outro ponto importantíssimo nesse momento é ajudar a criança a desfazer a fantasia de que os pais estão se separando por culpa dela. É comum que o casal que já está enfrentando dificuldades em seu relacionamento tenha discordâncias mais acaloradas quanto a situações de rotina com o filho.

Por exemplo, a criança pediu para ir à casa do colega brincar, aí a mãe disse que estava na hora do almoço e por isso não poderia, mas o pai insistiu que não tinha problema, porque iriam sair para comer fora, daí essas duas visões diferentes, que em outra situação seriam apenas duas opiniões, naquele contexto de desgastes da relação se transformam numa batalha verbal acirrada, chegando ao ponto de um dizer ao outro que é por isso que a criança está do jeito que está, e por aí vai.

Esses embates podem ser percebidos pela criança como a razão pela qual os pais estão se separando. Assim sendo, é fundamental que haja esclarecimento de que a decisão da separação é uma questão que diz respeito à dificuldade de relacionamento entre o casal e nada tem a ver com o pequeno.

Mais um aspecto que trago é que em mais ou menos tempo os pais separados irão se relacionar com novos parceiros, então é importante que a separação seja conduzida da forma mais saudável possível, diminuindo a dificuldade do filho com a entrada do novo elemento. Dessa forma, o novo integrante terá um espaço para ele e não será visto como o "destruidor de lares".

De acordo com dados do Instituto Brasileiro de Geografia e Estatística (IBGE), "[...] Em 2002, do total de casamentos, 13,4% eram de casais em que pelo menos um dos entes era divorciado; em 2012, o índice havia subido para 21,8% – o que significa um aumento de 62,7% nos recasamentos". Em muitos casos, há filhos de outros relacionamentos, culminando na chamada "família mosaico". Também chamada de família recomposta, é formada por dois adultos e os filhos, que podem não ser filhos biológicos do casal. Exemplo: A mãe se divorcia e se casa com outro homem que já tem um filho. Juntos eles formam uma família reconstituída.

Um dos fatores na sociedade contemporânea que estimulou o dinamismo na reconfiguração da família foi a permissão social a separação conjugal, o que trouxe também a viabilidade da reconstrução de uma família, possibilitando o recasamento e a integração de novos membros, o que traz novos olhares e nova dinâmica relacional entre esses.

Vale destacar que mesmo as famílias que se mantêm no modelo tradicional vivem novas configurações de papéis, e isso se deu com a entrada da

Será que meu filho tem jeito?

mulher no mercado de trabalho, o que propiciou maior participação da figura paterna na criação do filho. Estimulou-se, assim, dependendo de cada sistema familiar em específico, uma competição prejudicial ou uma distribuição mais igualitária dos deveres de cada um com a prole e com a rotina da casa.

A passagem da sociedade tradicional para a sociedade moderna impactou na construção de novos valores, pensamentos e ideais. Tal movimento gerou consequências tanto nos indivíduos e nas suas relações como no desenvolvimento psicofisicossocial infantil.

Nessa dinâmica, em que diversos relacionamentos são inaugurados ao mesmo tempo que o casal está constituindo a sua identidade conjugal, Patricia Papernow, no livro *Surviving and thriving in stepfamily relationships – What works and what doesn't,* apresenta cinco desafios enfrentados pelos membros da família recasada:

- O sentimento de inclusão/exclusão vivenciado pela madrasta e pelo padrasto, no que diz respeito à dinâmica familiar anterior;
- Os conflitos de lealdade vivenciados pelos filhos/enteados;
- As tarefas parentais polarizando o novo casal;
- A criação da nova identidade familiar;
- A inclusão do ex-cônjuge nas questões pertinentes aos filhos do casamento anterior.

Cristina Ribeiro Teixeira Dantas, Terezinha Féres-Carneiro, Rebeca Nonato Machado e Andrea Seixas Magalhães escreveram, em 2019, um artigo intitulado "Repercussões da parentalidade na conjugalidade do casal recasado: revelações das madrastas", no qual afirmam que "[…] os sujeitos passam a desempenhar múltiplos papéis sem que tenham tido tempo para se adaptar a eles. […] A conjugalidade é perpassada, simultaneamente, pelas demandas parentais relativas aos filhos de casamentos anteriores e por possíveis repercussões da conjugalidade anterior".

Para os enteados, pode ser difícil ter que conviver, pela primeira vez, com alguém de fora da família de origem, e, pior, com a materialização de que os pais não estão mais juntos. Para a madrasta ou o padrasto, é natural criticar comportamentos e atitudes de crianças educadas sob valores e regras diferentes dos seus. Já o pai ou a mãe que se casa novamente pode se sentir dividido entre as duas partes. Nesse caso, é preciso ressaltar que a condução das questões familiares deve ser dos adultos da relação, mas sempre acolhendo os sentimentos da criança, que não escolheu estar nesse cenário e ainda está desenvolvendo sua maturidade.

Rumo a uma convivência harmônica

Nas situações de reorganização familiar, potencialmente conflituosa e propícia à competição entre enteados e madrastas/padrastos, o primeiro passo é admitir que há uma questão a ser tratada. Aqui, as ferramentas de CNV – Comunicação Não Violenta podem ser de grande utilidade. Nos pequenos impasses do dia a dia, vale exercitar os quatro passos da CNV:
1. observar a situação sem julgar;
2. identificar o próprio sentimento;
3. perceber a necessidade não atendida;
4. fazer um pedido.

Assim, é possível dar o primeiro passo rumo a uma convivência mais harmoniosa e empática, servindo de exemplo positivo aos demais integrantes da família. Não é porque o processo de adaptação é difícil que casais separados devem desistir de seus projetos de vida. Todos merecem buscar a própria felicidade, desde que respeitando a si mesmos e às crianças e aos adolescentes.

Usar de subterfúgios de punição e castigos aos filhos porque não respeitam o novo namorado da mãe ou porque não querem passar o fim de semana dividindo espaço com os filhos da nova esposa do pai de nada resolve e só vai gerar mais desarmonia.

Na verdade, o que se sabe hoje é que punições têm efeitos restritos ou por curto período.

Qual a real eficácia da punição na mudança de comportamento dos filhos?

Dificuldades mais comuns das famílias reconstituídas:

- conflitos entre filhos de casamentos anteriores, aculturados de maneira diferente convivendo na mesma casa;
- relações diárias com madrasta e padrasto nem sempre pacíficas;
- questões de guarda que geram divergências entre o ex-casal e atrapalham a convivência do novo casal;
- expectativas extremamente altas quanto à nova relação e que são frustradas ao longo do tempo;
- para os filhos, a contrariedade pela constatação indiscutível de que os pais não estão mais juntos;
- alienação parental.

CAPÍTULO 8

Punição ou consequência

Punição pode até gerar diminuição do comportamento indesejado de imediato, redução da probabilidade de determinada resposta voltar a ocorrer pela apresentação de um estímulo aversivo, ou pela retirada de um estímulo negativo depois da emissão de determinado comportamento indesejado. Contudo, apenas reduz a probabilidade e não resolve a questão, isso quando não aumenta a frequência como fruto de afronta ou revolta. Esse é o primeiro ponto, além de todos os outros reflexos negativos que a punição traz por se estar penalizando a criança por um erro ou um não acerto que a criança possa ter cometido, ou uma expectativa que possa não ter correspondido, conforme a visão do adulto.

Ao passo que consequência é o resultado de algo produzido por uma causa, na relação causa e efeito. É um fato sequente a um conjunto de condições. Tem o sentido de resultado, conclusão de algo que tenha ocorrido, tenha sido provocado ou mesmo que tenha faltado.

Exemplos: a consequência de ter um quarto desorganizado pode ser não encontrar algo quando precisar; a de não cuidar de um brinquedo pode ser ficar sem ele se este quebrar. A de não tratar o coleguinha bem pode ser não ser convidado para a festinha de aniversário dele. A de não estudar pode ser não ser aprovado na escola etc.

Ensinar sobre consequências permite que a criança veja a importância de seus atos ou da falta deles para a sua rotina, sua vida e para o mundo que a cerca.

REPARE: NÃO DEIXAR IR AO CINEMA PORQUE NÃO FEZ A TAREFA; NÃO DEIXAR SAIR PORQUE NÃO COMEU; SÓ DAR A SOBREMESA SE COMER TUDO; DIZER QUE NÃO VAI COMPRAR BRINQUEDO NUNCA MAIS PORQUE ELE QUEBROU UM NÃO É CONSEQUÊNCIA, E SIM PUNIÇÃO, PORQUE NÃO HÁ RELAÇÃO DIRETA DE CAUSA E EFEITO. Escolhe-se algo conforme o entendimento do adulto para mostrar à criança que o que ela fez ou deixou de fazer não foi certo, mas, para a criança, isso não tem relação. Lembrando que pesquisas comprovam que crianças até 12 anos não respondem à punição com aprendizado; seu entendimento é de injustiça e dor.

Já os acordos e combinados possibilitam ajustar a circuitaria neural da criança para que aconteçam novos aprendizados, ampliando seu entendimento, seu mapa, de modo a se adaptar ao social sem ser ajustado de forma artificial, sem ser robótico, mas ir adquirindo o entendimento e a coerência do que pode e de que forma pode de acordo com suas condições e todo o contexto.

Uma pesquisa da Universidade de Leiden, nos Países Baixos, com o uso de ressonância magnética funcional mostrou que crianças de 8 a 9 anos aprendem com elogios, mas não com críticas negativas.

Muitas vezes, a crítica é velada:

- Mariana, já é a quarta vez que eu mando você se sentar...
- Eu não entendo qual a dificuldade de vocês em manter a câmera aberta...
- Miguel, tente se concentrar pelo menos uma vez!
- Você não presta atenção em nada!

Será que meu filho tem jeito?

**OS PAIS E PROFESSORES ACREDITAM QUE ESSE TIPO DE CONVERSA RESOLVE...
MAS O QUE SE COMPROVOU É QUE...
...NÃO FUNCIONA!!!!**

O que acontece com as críticas?

Quando um professor / pai / mãe constrói uma imagem da criança (bagunceira, respondona, briguenta), só enxerga esses comportamentos, e aí o risco é só se dirigir a essa criança por esse motivo, e NÃO ver que essa mesma criança também apresenta comportamentos bacanas.

==Estudos da Psicologia positiva afirmam que para cada mensagem negativa que se dá a uma criança é preciso dar entre 5 e 20 positivas, apenas para neutralizar emocionalmente a negativa. Só para neutralizar.==

E A PUNIÇÃO?

Segundo pesquisas do neurologista Paul Thompson, da Universidade da Califórnia, especialista em ressonância magnética cerebral, a punição não traz valor nem aprendizado para a criança, só traz dor e penúria, principalmente para a criança até os 9 anos. Isso porque "o lobo frontal do cérebro, responsável pelo autocontrole e pela avaliação das consequências das atitudes, só se desenvolve plenamente a partir dos 12 anos".

Conceito de **CONSEQUÊNCIA** faz mais sentido de ser ensinado à criança.

Significados de CONSEQUÊNCIA:
1. Resultado natural, provável ou forçoso de um fato.
2. Caracteriza o resultado, reação ou efeito produzido de um acontecimento ou uma ação. Normalmente este termo está relacionado com a causa ou frequência que ocorre seguida a um conjunto de condições relativas a uma ação.
3. Efeitos, resultados, frutos, produtos, decorrências, repercussões, desfechos, sequelas, seguimentos, resultâncias, resultantes, corolário.

Sumarizando o que significa **CONSEQUÊNCIA** em contraposição a punição no relacionamento com os filhos:

CONSEQUÊNCIA é um conjunto de efeitos factuais diretamente relacionados a cada ação, atitude ou escolha realizada.

Hoje em dia ocorre uma subversão do conceito de consequência.

Muitos pais confundem **CONSEQUÊNCIA** com **punição**. Por exemplo, o filho tira nota baixa, os pais tiram o celular. Por que tirar o celular é uma consequência, ou seja, um efeito factual diretamente relacionado à ação "tirar nota baixa"? Tirar o celular nesse exemplo é uma atitude dos pais em retaliação ao filho por ele não ter cumprido com seu compromisso de estudar e se sair bem nos testes.

Vamos raciocinar sobre o real sentido de **CONSEQUÊNCIA**.

Tirar nota baixa poderá trazer as seguintes **CONSEQUÊNCIAS**:

- Ficar em recuperação

    ou

- Diminuir as chances de aprovação no fim do ano

    ou

- Não ter domínio de determinado conteúdo e por isso não conseguir avançar para o próximo assunto.

Será que meu filho tem jeito?

Ou outras possíveis situações poderiam ser consequência ou até mesmo todas essas hipóteses juntas.

Por que o verdadeiro conceito de **CONSEQUÊNCIA** é mais útil no desenvolvimento dos filhos?

A mudança de atitude, a mudança de comportamento do filho vai acontecer efetivamente à medida que este mudar seus atos, ações e escolhas. A punição de tirar o celular pode até trazer uma alteração de atitude provisória por conveniência para obter o bem de volta. Mas comprometimento e mudança definitiva de comportamento, em que esse jovem passe a estudar com interesse, com curiosidade e por conta própria, só acontece quando ele percebe as reais consequências que seus atos, ações e escolhas lhe trouxeram, e a partir daí ele está em condições de construir um plano de ação para alteração da situação indesejada "tirar nota baixa". O filho envolvido no encontro de solução para o problema existente apresenta adesão e comprometimento internalizados, vendo-se como protagonista de seus atos e resultados, o que gera empoderamento, autoconfiança e autonomia em direção à maturidade progressiva para o pleno desenvolvimento.

Outro exemplo avançando na ideia de que a **CONSEQUÊNCIA** precisa ser experimentada pela criança ou adolescente para conseguir tirar proveito dessa vivência e crescer com ela rumo a sua maturação:

A criança ou adolescente não organiza seu material e objetos; a **CONSEQUÊNCIA** é não encontrar o que precisa, OU perder tempo procurando, OU atrasar para algum compromisso OU tudo isso junto. Normalmente, nesses casos é comum que a mãe procure o objeto pelo filho e, ao encontrar, puna o filho dizendo que com aquela bagunça não ia encontrar mesmo e esbravejar mais um tanto e ainda o proíba de ver a série favorita no final da tarde para ficar arrumando o quarto.

A mãe que nesse exemplo não fica procurando pela criança, não esbraveja, nem pune, mas ao contrário deixa que o filho viva essa experiência de não encontrar, perder tempo ou até atrasar para a aula de violão e a partir dessa vivência propõe a construção de um conjunto de novas atitudes, ações e escolhas está gerando comprometimento do filho sobre sua própria rotina, sobre seus deveres. E é possível que, no plano de ação, o filho decida que nesse dia vai precisar abrir mão de assistir à sua série favorita para organizar o próprio quarto.

REPARE: SE VOCÊ QUISER MESMO QUE SEU FILHO AMADUREÇA E ASSUMA SEUS COMPROMISSOS CONCERNENTES À SUA IDADE, NÃO É NECESSÁRIO CRITICAR NEM PUNIR! O QUE NÃO SIGNIFICA DEIXAR A CRIANÇA TOCAR O HORROR!

O que funcionará são conversas que ajudem a criança e o adolescente a:
- ter real entendimento sobre as **CONSEQUÊNCIAS** de fazer e não fazer;
- experimentar as consequências em alguns casos (pode ser extremamente didático);
- tomar novas decisões;
- traçar um plano de ação de novas atitudes e escolhas.

Quando pais e professores optam por viver junto com o filho e o aluno o senso real de que estão dando limites da melhor forma possível, vale lembrar o que É e o que NÃO É dar limites:

Dar limites NÃO É:
- Bater para que a criança se comporte.
- Fazer só o que os adultos gostam e estão com vontade.
- Ser autoritário.
- Impor sem explicar os motivos.
- Gritar.
- Deixar de atender às necessidades reais.

Será que meu filho tem jeito?

Dar limites É:
- Expor claramente princípios / normas da casa / escola.
- Explicar o que é aceito e o que não é aceito e o porquê.
- Explicar os riscos e as consequências sociais de agir contrariamente às normas.
- Ensinar e viver o sentido de que os direitos são iguais para todos.
- Ajudar na compreensão de que os próprios direitos acabam quando começam os direitos do outro.
- Dizer "SIM" para o que é possível e "NÃO" sempre que necessário, visando ao bem-estar da criança/adolescente e das demais pessoas.
- Dizer "NÃO" quando houver uma razão clara e plausível.

Como vimos neste capítulo, há uma ineficácia na punição. O que o Método CoRE propõe é a implantação do sentido de consequência e, como você verá nos próximos dois capítulos, o uso de elogios e a construção conjunta de regras e combinados.

CAPÍTULO 9

O poder do elogio

Ser elogiado é importante para todas as pessoas, em qualquer idade, porque o elogio é o reconhecimento externo de algo que fizemos e confirma alguma característica positiva nossa, seja uma habilidade, seja uma ação para a qual investimos esforço e dedicação, e, naturalmente, nos estimula a acreditarmos mais em nós mesmos, o que aumenta nossa autoestima.

Agora, imagine os efeitos do elogio em pessoas que ainda estão se desenvolvendo, como é o caso de crianças e adolescentes. Os efeitos do elogio no processo de crescimento emocional, cognitivo e social são imensos! Desde que os elogios preencham duas condições fundamentais: ser SINCERO e ESPECÍFICO.

Quando o adulto observa um comportamento desejável na criança e/ou no adolescente e lhe faz um elogio, inicia um processo de reforço positivo sobre esse comportamento, e a tendência é que ele seja mantido, ou seja, o reforço positivo estimula a repetição do comportamento desejável.

Reforço positivo sobre comportamentos desejáveis

O reforço positivo sobre comportamentos desejáveis da criança resulta em muito melhor aprendizado sobre o que é bom para ela mesma e para suas relações com o mundo.

Lamentavelmente, em geral, os adultos fazem bem mais críticas do que elogios. Então vale lembrar as seguintes informações que estão no capítulo 7:

- Pesquisa da Universidade de Leiden, nos Países Baixos, com uso de ressonância magnética funcional, mostrou que crianças na faixa de 8 a 9 anos aprendem com elogios, mas não com críticas negativas.
- Estudos da Psicologia positiva afirmam que para cada mensagem negativa que se dá a uma criança é preciso dar entre 5 e 20 positivas apenas para neutralizar emocionalmente a negativa.

A criança elogiada se percebe amada e aprovada e aumenta o seu sentido de pertencimento àquele grupo, aumenta seu respeito à coletividade e aumenta seu interesse em se relacionar com essas pessoas, porque deseja proteger o grupo a que pertence e que a acolhe.

Na hora de ELOGIAR, cinco aspectos devem ser levados em conta:

1º O reforço positivo necessita ser feito depois de o comportamento ter ocorrido, e não antes.

Esclarecendo na prática o primeiro ponto:

Quando o adulto diz "Olha, se você se comportar direitinho com seu irmão, depois eu lhe dou um sorvete", não é reforço positivo! Esse tipo de abordagem chama-se barganha.

Esclarecendo na prática o segundo ponto:

Quando o adulto diz "Você sempre bate na sua irmã! Você é muito mau!", é um reforço positivo sobre um comportamento indesejado. Sem perceber, o adulto está valorizando uma atitude inadequada à medida que se volta para criança e lhe dá atenção, ainda que de forma negativa e destrutiva, o que poderá levar a criança à repetição do ato para obter novamente essa atenção.

Se pais e professores querem incentivar os pequenos e os jovens a terem comportamentos positivos, o fundamental é observar suas atitudes e elogiar logo depois de terem manifestado os comportamentos desejáveis.

Exemplo: a criança que bate no irmão menor, não é esse o comportamento que iremos elogiar, é claro, mas, quando só nos dirigimos ao nosso filho quando ele bate no irmão, a tendência é que ele faça isso mais vezes, para ter você com ele.

O que muitos pais não notam – ou, se notam, deixam de lado – é que esse mesmo filho que bate no irmão, num determinado momento, dá um abraço nesse irmão, chama para brincar de alguma coisa, tem um pequeno e mínimo gesto de afeto que seja, e essa é a hora de valorizar e elogiar o comportamento desejado, de cuidado e carinho que ele demonstrou pelo irmão.

O elogio, ao ser feito depois do comportamento positivo, tornará claro para a criança o que especificamente você está reforçando, e dessa forma aumenta a tendência de ter esse comportamento repetido.

2º Os reforços afetivos e sociais são os mais poderosos.

Elogios verbais, abraços, beijos, sorrisos, contato visual positivo, um bilhetinho afetuoso com elogios sobre o fato positivo deixam marcas de carinho e valorização verdadeiras para sempre, reverberam dentro da criança e do jovem quanto eles são importantes e servem como suporte em situações difíceis que, inevitavelmente, viverão.

Elogiar a criança para a família e amigos quando ela estiver por perto aumenta a valorização das demais pessoas sobre a criança, e ela própria passa a se perceber como alguém que faz coisas boas, que tem ideias boas e que traz valor para si e para as pessoas com quem convive.

Se isso funciona com adultos, imagine com as crianças!

Além do mais, falar bem da criança e do adolescente para as demais pessoas aumenta a autoestima deles grandemente.

3º Na hora do elogio, descreva o que você está elogiando. Evite elogios vagos, do tipo: "que bacana!".

É fundamental ser específico!

Exemplo: "uau, estou vendo que você acertou esse exercício todo"; "seu caderno está bem colorido e organizado, parabéns".

Ao ser específico no seu elogio, a criança compreende claramente o que é esperado dela, e dessa forma a tendência é ela caprichar cada vez mais.

4º Ajude a criança a perceber os sentimentos que estão envolvidos na conquista que ela teve na hora que recebeu o elogio.

Além de elogiar, dessa forma o adulto qualifica o elogio, dando à criança a condição de integrar o cérebro que pensa com o cérebro que sente.

Como fazer isso?

Ensinando a criança a notar e identificar os sentimentos positivos que ela está tendo com suas próprias atitudes.

Exemplo: Você tirou uma nota alta na prova. Como você se sentiu com isso? O que você pensou sobre si mesmo? Não sugira o sentimento; auxilie a criança a perceber e descobrir o que realmente ela está sentindo a respeito de si.

Nesse processo de perceber seus próprios sentimentos positivos, ocorre uma sensação de bem-estar, o que é um excelente exercício de autodescoberta e autoconhecimento.

Será que meu filho tem jeito?

5º Faça elogios sinceros

As crianças têm uma antena incrível para perceber inconsistências e bajulações sem sentido, portanto não precisa dizer que o desenho do seu filho é o mais lindo do mundo, mas elogie o seu esforço!

A criança e o adolescente contemporâneos estão se habituando cada vez mais às conversas diretas e objetivas, por isso mesmo estão mais sensíveis aos elogios sinceros e verdadeiros.

Também estão mais sensíveis na hora de serem definidas as regras da casa, as regras de estudo, as regras de convivência em grupo etc. Mais que nunca, essa geração necessita ser ouvida em suas opiniões e entendimentos, para que se sinta verdadeiramente envolvida. No próximo capítulo, você vai aprender uma forma eficaz de definir as regras e os combinados com filhos e alunos, de modo que funcionem.

CAPÍTULO 10

Como criar regras e combinados junto de seu filho

Acordos são pactos resultantes da comunhão de ideias e sentimentos; são o entendimento recíproco, a concordância ou os ajustes para chegar à harmonia. Os acordos só são possíveis quando se está aberto à mudança, à adaptação, a novas condições. Assim se chega a um combinado claro, com base em uma resolução conjunta ou em uma conciliação.

No acordo, potencializamos o outro, não só negociamos em nosso favor. Isso porque os argumentos são ditos e ouvidos; as posições de cada lado são balizadas, com o objetivo de encontrar um ponto de intersecção, levando ao entendimento de vários ângulos da questão, em busca de critérios explícitos, congruentes e geradores de ganhos para ambas as partes.

A imposição de regras é similar à repressão e, consequentemente, prejudicial a qualquer relação, a qualquer tempo, em especial àquela entre pais e filhos na infância.

A partir de vivências repetidas de repressão, a criança poderá apresentar as seguintes alternativas de comportamentos:

1. pode aprender a simplesmente não expressar o que pensa, o que deseja e, portanto, perder sua essência ou identidade;

2. pode passar a se submeter a qualquer coisa sem crivo ou critério, sentindo-se na obrigação de subjugar-se a toda sorte de imposições sem ter forças para se posicionar, entendendo que seus desejos não são importantes ou possíveis;
3. pode passar a ter problemas de autoestima em casos extremos, a se mutilar ou se invalidar;
4. pode ter sua capacidade de sonhar definitivamente alterada, o que por sua vez gera desesperança e falta de perspectivas positivas para que coisas novas e boas possam acontecer em sua vida;
5. pode se sentir inadequada ou imprópria, assistindo à vida passar, apenas observando-a pela óptica do "isso não é para mim";
6. pode se posicionar na vida como devedora, aproveitando bem pouco da abundância que poderia ter, tirando "pequenas lasquinhas" da vida, vivendo "pelas beiradas", pelo mínimo;
7. pode se rebelar e passar a ter atitudes de desrespeito ou invalidação das demais pessoas, reproduzindo o modelo como foi tratada de se impor e se fazer ouvir a qualquer custo.

Desde muito cedo, as crianças são capazes de compreender regras e estabelecer compromissos. Mas as regras podem ser acordos construídos em conjunto, entre pais e filhos, o que gera disciplina e proporciona ambiente relativamente previsível, além de oferecer conforto e diminuir a ansiedade da família.

OS TEMAS MAIS FREQUENTES QUE EXIGEM REGRAS SÃO:
- Cuidados com seus bens, com a casa e com os bens dos outros.
- Horários – de dormir, comer, brincar, estudar.
- Alimentação – o que pode, o que não pode e o que pode de vez em quando.
- Segurança.
- Relacionamento com outros – dentro e fora de casa.
- Higiene.

Será que meu filho tem jeito?

Como fazer esses combinados e criar regras sem ser na imposição, mas antes sendo definidos em conjunto adulto e criança, no entendimento do Método CoRE?

Entre 2 e 4 anos isso é feito de maneira bem simples, e as regras são objetivas e curtas, sem nenhum grau de complexidade.

1º Sempre explicando o motivo do combinado e seu sentimento sobre o fato

EXEMPLO: Para a mamãe ficar tranquila e você ficar seguro no carro, terá de usar o cinto de segurança.

2º Trazendo o pequeno para verbalização por meio de uma pergunta simples

EXEMPLO: Você pode conseguir fazer isso daqui da escola até a casa da vovó? (Supondo que a criança possa dizer NÃO) Você busca outra verbalização, perguntando: E como eu vou ficar tranquila e você vai ficar seguro aí atrás? Sempre buscando respostas de autorresponsabilidade. Sabendo que esse exercício deve demorar na primeira vez, no entanto poupará enorme tempo nas vezes seguintes e evitará o desgaste de gritos e ameaças.

3º Valorizando sua argumentação com expressões de apreciação

EXEMPLO: (supondo que a criança responda SIM) Você pode dizer: Uau! Estou diante de um rapazinho que sabe cuidar bem de si mesmo! – e dessa forma você valoriza e amplia seu grau de consciência sobre si mesmo.

4º Auxiliando na fixação do combinado para que memorize e realize.

EXEMPLO: Então diga uma coisa para a mamãe: O que você vai fazer agora para ir em segurança até a casa da vovó e a mamãe ficar tranquila enquanto dirige?

5º Valorize mais uma vez.

EXEMPLO: Que bom! Então vamos curtir nosso passeio!

Crianças nessa faixa etária absorvem bem as regras para ações mais imediatas, eventuais, específicas.

A partir dos 5 anos, as regras podem ser de caráter mais elaborado e envolver construções mais complexas, do tipo:

- Envolver a criança num diálogo mais extenso, em que a própria criança precisará encontrar uma solução. Não dizer para a criança o que ela tem de fazer e gerar um breve debate, construindo em seguida a regra ou o combinado inserido numa base consistente.
- Definir agenda, datas, cronogramas, prazo, ações específicas com variedade crescente, conforme a idade.
- Valorizar a decisão e acompanhar a realização do combinado.

EXEMPLO: Filho, o que você fará para conseguir aumentar a média em matemática no bimestre que vem?

Tendência de respostas: "Vou estudar"; "Vou prestar atenção na aula".
Novas perguntas: "E como você vai fazer isso?"; "E o que você precisará fazer para conseguir isso?"; "Tem alguma coisa que você possa fazer de diferente que ainda não fez para conseguir prestar atenção na aula?"; "Tem alguma forma ou alguém a quem possa pedir ajuda para que você estude?".

Será que meu filho tem jeito?

Se a resposta for "Não sei", você poderá perguntar: "E se você soubesse, como seria?"; "E se você pudesse encontrar uma solução para isso, qual seria?".

Concluir valorizando e trazendo crédito para a nova decisão que a criança teve e que se comprometeu a realizar. Se o adulto não confia e diz coisas do tipo "Olha lá, hein?", derruba por terra toda a possibilidade de mudança de comportamento.

OUTROS EXEMPLOS DE COMBINADOS:
- Filha, estes jarros aqui são meus "brinquedos". Você tem os seus brinquedos, e a mamãe tem os dela. (Concluindo com uma pergunta que leve a criança a uma nova atitude) Onde estão os seus brinquedos, que são bem divertidos, coloridos, macios etc.? Pode buscar ou quer uma ajuda? – falando em tom calmo, trazendo sentido de esclarecimento e limite.
- Davi, será bom chegar à escola bem animado amanhã para brincar? Então como você vai fazer para descansar agora? – falando em tom calmo, assertivo, trazendo sentido de cuidado e compromisso consigo e com sua rotina.
- Carolina, papai vai colocar a comida no seu prato, e como você vai se sentir depois de comer tudo sozinha?! Já pensou como você vai ficar bem forte e linda comendo todos esses verdinhos? – falando em tom alegre, trazendo sentido lúdico e divertido e de cuidado para consigo.

EXEMPLOS DE EXPRESSÕES DE APRECIAÇÃO E VALORIZAÇÃO:
- Combinado?
- Muito bem! Parabéns!
- Que filho cuidadoso!
- Que bacana!
- Uau! Fez tudo sozinho!
- Estou orgulhoso de você!
- Como ficou arrumado!
- Fiquei muito feliz em ver tudo guardado! – Que lindo!

A valorização é tão importante quanto saber construir boas perguntas durante o diálogo com a criança.

PASSOS PARA A CONSTRUÇÃO DE REGRAS E COMBINADOS:
1º Expor a problemática, cada um colocando seus pontos de vista, explicando o motivo.
2º Propor a construção conjunta de Regras e Combinados para essa situação.
3º Utilizar boas perguntas, gerando verbalização – tendo claro que algumas situações não são opcionais.
4º Efetuar os combinados em conjunto, abrindo espaços para consequências.
Perguntar;
Valorizar as respostas;
Fixar;
Valorizar a decisão.

E se as Regras e os Combinados forem seguidos por um período e depois não forem mais seguidos, está na hora de recombinar, de novamente trazer o problema que esteja acontecendo e usar os 4 passos acima.

O papel de educador está presente diuturnamente na vida de pais e professores, e haverá momentos em que, mesmo elogiando, construindo regra em conjunto, será necessário "chamar a atenção" do filho e do aluno.

A qualquer tempo os pais
podem decidir mudar o jeito
de se relacionar e estabelecer
uma nova conversa
com os filhos, e a partir
desse momento ter uma
convivência de franqueza
e respeito mútuo.

CAPÍTULO 11

Como "chamar a atenção"

Como lidar com dificuldades que a criança e o adolescente apresentam? Sejam elas dificuldades na escola, no convívio com outros, no controle da raiva ou qualquer outra dificuldade...

A própria expressão "chamar a atenção" quer dizer levar o filho a ver o que não está vendo, estar atento para algo que não está bom, o que não tem nada a ver com brigar, bater ou gritar.

O QUE FAZER? e COMO FAZER?

Quando professor, pai, mãe, avós necessitam argumentar com a criança sobre um comportamento inadequado, o que costuma funcionar bem à luz do Método CoRE é:

- Ter conversa franca e clara expondo a situação/os fatos sem julgamento, acusações ou adjetivações. Traga fatos, o que aconteceu. Evite as expressões SEMPRE e NUNCA.
- Expressar com clareza o que você sente sem fazer chantagem emocional, mas falando de seus incômodos/preocupações/medos. E

estimular a criança a expressar o que sente e pensa nos três momentos da situação:
- ▶ Antes de ter agido como agiu;
- ▶ Enquanto estava agindo dessa forma;
- ▶ Depois que agiu.
- Levar a criança a refletir sobre suas atitudes por meio de boas perguntas.
- Levar a criança a perceber as consequências para si E para os outros de suas ações e perguntar como fará a reparação de seus atos. O sentido de reparação é fundamental para a consolidação do aprendizado. A reparação não deve ser humilhante, mas deve incluir atitudes como pedir desculpas se alguém foi prejudicado com suas ações.

Acredite que uma estratégia poderosa é reconhecer verdadeiramente o que a criança e o adolescente têm de bom, de positivo, e expressar esses aspectos positivos reforçando essas características. Essa estratégia é poderosa, porque vai criar um estofo emocional positivo no filho. Assim, com base em aspectos realistas de sua essência, ele se sente mais forte para romper com atitudes indesejadas e assim conseguir modificar suas ações que exigem mais esforço para reverter.
- Pergunte-se com humildade e responda: O que meu filho faz bem?
- Admita que, mesmo que ele tenha agido mal em determinada circunstância, não significa que ele seja mau.
- Entenda que existem muitos tipos de inteligência, saiba perceber qual é a principal dele e reforce positivamente, para que essa seja uma porta de entrada para o aumento da sua autoestima.

Educar é levar o filho a aprender com os próprios erros, para que seja capaz de reconhecê-los e repará-los. Na punição não se propicia a assimilação de aprendizado, e menos ainda uma sensação de bem-estar. Educar uma criança não é sinônimo de puni-la, e sim de ajudá-la a se disciplinar para conquistar objetivos possíveis para sua idade, usando suas principais

Será que meu filho tem jeito?

habilidades, talentos e dons em seu próprio favor e revertendo seus comportamentos que mais lhe trazem prejuízos e distanciamento das pessoas e de tudo que ela deseja de bom para si.

Educar é, ainda, ajudar a criança a superar suas dúvidas quanto a suas potencialidades e a ter uma visão realista do que lhe é possível fazer e quanto terá de se esforçar mais para obter o que necessita diante dos parâmetros que o mundo oferece.

AÇÕES QUE OS CUIDADORES PODEM FAZER QUE AJUDAM MUITO NA MELHORIA DAS ATITUDES DA CRIANÇA E DO ADOLESCENTE E AINDA AUMENTAM A PROBABILIDADE DE CONSTRUÇÃO DE UMA PERSONALIDADE ADULTA FELIZ, PRÓSPERA E EQUILIBRADA:

- Ensinar a criança a perceber e considerar na sua própria essência aquilo que ela faz bem.
- Procurar falar de forma clara, modificando os aspectos/palavras negativos. Exemplo: em vez de dizer: "Não esqueça de arrumar o seu quarto", diga "Lembre-se de arrumar o seu quarto". Em vez de dizer: "Você nunca faz nada certo!", diga "Na hora que você agiu dessa forma, aconteceu o problema tal".
- Refletir com frequência sobre quanto e de que maneira os seus comportamentos estão influenciando a forma de se comportar da criança.
- Avaliar como você lida com a delimitação e manutenção de regras e combinados claros sobre o que pode e o que não pode dentro de casa e fazê-los valer com justiça e mansidão.
- Observar se abriu mão de sua vida em prol de viver a vida de seus filhos para preencher suas insatisfações (profissionais, amorosas, entre outras).
- Encontrar formas saudáveis de satisfação de suas próprias necessidades e, ao mesmo tempo, de satisfação das necessidades do seu filho.
- Observar se as frustrações que sente por ver as dificuldades que seu filho apresenta não estão ligadas às expectativas que deseja atender

de um filho idealizado para dar satisfações à sociedade, aos amigos e familiares.
- Ensinar regras a seu filho que você também é capaz de cumprir.
- Saber falar com autoridade, o que é diferente de ser agressivo ou violento. Autoridade x autoritarismo: o adulto autoritário deseja ratificar o seu poder. Pense: para que ter uma relação de poder com o seu filho? Ele não é um objeto de controle seu ou algo que você possua. Ele é um pequeno ser que quer ser amado e que precisa de limites.
- Saber dizer NÃO ao que se faz necessário é desenvolver na criança um sentido de ordem. Seja claro ao dizer um NÃO e tenha clareza interior dos motivos desse NÃO, para assim não voltar atrás ao primeiro choramingo.
- Vale analisar: Quais são os meus valores? Eu tenho valores que gostaria que meu filho também tivesse?
- Quando dar limite? Analise a situação e avalie: Meu filho respeita o próximo? Ele tem empatia e preza pelo respeito aos outros que o cercam? Se não, então é necessário dar limite.
- Dê limite usando perguntas claras e desafiadoras ao seu filho. Perguntas que contenham **COMO** e **PARA QUÊ**. Saia das perguntas que resultem apenas em sim ou não. Dessa forma você conseguirá: A) Promover a autoconsciência; B) Despertar o senso crítico e autocrítico; C) Mobilizar a energia dele para mudança; D) Propiciar condições para um futuro adulto próspero e saudável.

EM SITUAÇÕES DE CONFLITO, UTILIZE AS SEGUINTES PERGUNTAS:
- "Por favor filho, tente perceber e me diga o que está acontecendo com você. O que você está pensando e sentindo que está levando você a agir assim?"
- "Está me parecendo que você precisa de algo; por favor, me ajude a ajudá-lo, me dizendo do que se trata" (em tom ameno e respeitoso).

- "Filha, vou te dar um abraço, e depois conversamos até você encontrar uma solução para isso."

SINTETIZANDO:

Passo a passo em cinco atitudes que fazem diferença na hora de "chamar a atenção" do seu filho:
1. CLAREZA
2. RELAÇÃO DIALÓGICA
3. CONFIANÇA
4. APOIO
5. REFORÇO POSITIVO

1. CLAREZA (na intenção e no objetivo)

Envolve autoconhecimento e resolução de suas marcas de infância.

Primeiro para que você perceba se está chamando atenção sobre algo que traga bem-estar para seu filho OU se simplesmente é algo a que você está habituada.

EXEMPLO 1: Nota 7 numa prova, e você foi ensinada que o mínimo aceitável é sempre 9,9.

EXEMPLO 2: Criança recolhe tudo da sala e coloca na caixa de brinquedos, mas para você tem de ser arrumado por cor, por função do brinquedo, ou às vezes só serve para ser considerado arrumado se estiver tudo em pezinho na estante.

ENTÃO ANTES DE TUDO TENHA CLARO SE DEVE MESMO CHAMAR A ATENÇÃO DO SEU FILHO...

Se chegou à conclusão de que SIM...
- Seja claro e específico.
- Pense junto com seu filho o que se quer ter no lugar do que se tem no momento e ajude-o a ver a relevância que isso terá para a vida dele.

2. RELAÇÃO DIALÓGICA
Envolve autopercepção e interesse genuíno.
▶ FALAR E OUVIR (tom de voz, boas perguntas e falar de igual para igual).

3. CONFIANÇA NA CAPACIDADE DO SEU FILHO
Envolve evolução pessoal sua...
▶ Desconfiar de que seu filho será capaz de realizar o que conversaram já é o fracasso de sua atitude.

4. APOIO
Envolve disponibilidade e real comprometimento.
LEMBRANDO QUE APOIO NÃO É FAZER PELA CRIANÇA OU PELO ADOLESCENTE!
E, SE VOCÊ OFERECE APOIO, DÊ APOIO!

5. REFORÇO POSITIVO
Envolve sinceridade e alegria.
▶ Fale a atitude desejada que foi realizada pelo filho/filha, as consequências positivas que ele/ela obteve e então parabenize.

EXEMPLO: Fazer o elogio citando fatos do tipo: "Foi muito bom você ter estudado com antecedência, como havia decidido, porque na véspera aconteceu o contratempo tal, e foi essa atitude de estudar antes que trouxe o resultado tal. Parabéns!".

As proposições que o Método CoRE traz para você estabelecer uma nova relação com seu filho não são *scripts* a ser decorados e repetidos.

É fundamental que os pais reflitam profundamente sobre como poderiam alterar o estado de coisas dentro de casa. Não porque estejam

Será que meu filho tem jeito?

fazendo errado, mas porque do jeito que está não está funcionando como gostariam. E entenderem que dificilmente a mudança que desejam será feita pelo filho/filha, mas antes pelos adultos da relação, que são os pais e cuidadores.

É natural que os pais se sintam sobrecarregados emocionalmente por "ter de fazer a coisa certa", no entanto não é sobre estar fazendo certo ou errado que estamos falando aqui. Nosso ponto, volto a insistir, é conseguirem enxergar para dentro da relação que hoje está estabelecida dentro de casa e constatar que do jeito que está não está funcionando como gostariam e, sabiamente, investirem em mudanças comportamentais, a começar por si.

No próximo capítulo, vou trazer as sensações e sentimentos mais comuns que assaltam os pais e principalmente as mães.

CAPÍTULO 12

Sentir raiva do meu filho significa que não sou boa mãe?

Quando você, mãe, se questiona sobre ser uma boa mãe, eu vou lhe responder me inspirando na grande psicanalista Melaine Klein, que traz os conceitos de Mãe Boa e Mãe Má. Não cabe aqui o detalhamento desse conceito psicanalítico; o que eu quero trazer de forma absolutamente sintética é o seguinte entendimento:

A Mãe Má dá o seio mau, o leite do desamor, da desatenção. Em nenhum momento Melaine Klein fala que o que pode levar à psicose seja raiva, mas a desatenção.

Também cito minha amiga Adriana Santiago – neuropsicóloga e grande estudiosa das relações de amor entre seres humanos, incluindo as relações entre pais e filhos. Adriana Santiago é autora de diversos livros sobre Psicologia Positiva e costuma fazer os seguintes questionamentos:

- Será que amor é pra sempre? É exclusivo, é incondicional?

Como alguns dizem: **AMOR DE VERDADE** é de pai e mãe.

NEM SEMPRE...
A Boa mãe é a que AMA.

As emoções básicas são:
- Alegria
- Medo
- Tristeza
- Nojo
- Raiva

Amor não é considerado emoção básica. Para a Psicologia Positiva, AMOR é uma VIRTUDE, e como tal pode ser desenvolvido, aprendido e construído.

Barbara Fredrickson – pesquisadora em Psicologia Positiva –, usando exames de ressonância magnética funcional, fez diversas descobertas, uma das quais diz respeito ao fato de que, quando se dá atenção genuína a uma pessoa e ela ouve o que é dito a ela com atenção e a primeira pessoa também a ouve atentamente, as mesmas áreas do cérebro de ambas as pessoas são ativadas! Portanto, Barbara descobriu que Amor inclui ressonância de positividade.

E esse ato dispara a produção de um neuropeptídio chamado ocitocina, portanto QUEM AMA exercita a atenção ao outro e aumenta o tônus do nervo vago, que se liga a diversos órgãos vitais.

Toda criança necessita de um adulto que a ensine a amar, a se importar verdadeiramente com o outro e a ouvir o outro empaticamente.

Muitos pais dizem ter amor incondicional aos filhos, mas não olham para seu filho como indivíduo, como uma pessoa com características peculiares. Infelizmente criam um modelo de filho idealizado, um ideal platônico de filho, e o submetem a um modelo que consideram bom.

Frases de quem não ama:

"Eu sei o que é melhor para você!"
"Você não entende nada!"
"Você não tem mais jeito!"
"Peraí! Sai! Não tenho tempo pra você!"

Será que meu filho tem jeito?

AMOR, portanto, é dar atenção ao outro!!!

O oposto de amor não é ódio, atesta Adriana Santiago, mas sim o medo de se relacionar; é a indiferença, é o distanciamento...

Mas como fica a raiva que você sente às vezes do seu filho?

Quem ama pode odiar, pode ter raiva, sentir incômodo e continuar amando = dando atenção.

Desprezar, abandonar e humilhar, sim, são sinais de desamor!

O risco maior está em sentir raiva e não expor; essa atitude, sim, vai fazer mal a si e à relação. Conversar sobre a situação que gerou raiva e resolver é ponto de desafio e ao mesmo tempo é ponto de amadurecimento da relação entre pais e filhos.

Odiar, ter raiva naquele momento não significa que seja má mãe ou que não ame.

LEMBRE-SE:
- Os pais são os instrumentos de desenvolvimento da criança, por isso não queira conversar ou passar um ensinamento com raiva!
- Seja firme, porém não agressivo.
- O que fazer quando perder a calma com seu filho? Respire, entenda e esclareça para si mesmo o que é seu e o que é do seu filho. Diferencie a situação. Se você estiver num momento mais conturbado de sua vida, peça ajuda. Raiva atrai raiva. Você não quer isso!
- A criança que sente raiva quer ser amada. Não a afaste de você.
- Lembre-se: pedir desculpas consecutivamente depois que sentiu raiva ou teve uma discussão com o seu filho não contribuirá para o amadurecimento da relação. Foque em resolver de uma vez por todas o que está causando raiva e estabeleça um diálogo horizontalizado com seus filhos.
- Toda criança é um espelho da família. O seu filho está sem paciência. Como o sistema familiar manifesta a impaciência/agitação? Muitas vezes, as atitudes dos pais se assemelham à birra que os filhos fazem. Gritos geram mais gritos. Birra gera mais birra.

CAPÍTULO 13

Como lidar
com a birra

Não é preciso explicar a você o que é birra, seja ela em que idade for, mas quero esclarecer que, quando uma criança de 12 anos resolve ficar sem falar com você, isso é tão birra quanto a de uma criança de 3 anos que se joga no chão. No entanto, o que a maioria de nós desconhece é que pode haver dois tipos de birra.

Birra tipo 1 É intencional e tem endereço certo – o PAI ou a MÃE ou o PROFESSOR –, e o propósito é razoavelmente pensado: conseguir algo que foi negado! Ou que poderia ser negado. E muitos adultos, não suportando essa pressão psicológica e às vezes social – e saiba, eles são bons nisso, conseguem jogar todo um restaurante contra você! –, acabam cedendo. Ao cederem, mantêm-se reféns do pequeno tirano, e suas vidas se transformam num verdadeiro estresse e pavor, porque, depois de certo treino – e insisto: eles são bons nisso! –, a frequência das birras aumenta e a ansiedade do adulto aumenta, em igual proporção, porque já não conseguirá prever quando vai acontecer o próximo ataque. Em alguns casos, já tive notícias, preferem começar a restringir suas saídas e o convívio social.

O que fazer diante de birra tipo 1? – entender que a criança está jogando e decidir se você vai querer entrar nesse jogo sem saber aonde vai parar ou simplesmente ignorar. E AÍ ENTRA A MÁXIMA: Sem plateia, não há show!

Birra tipo 2

Esse tipo, por mais estranho que possa parecer, pega todo mundo de surpresa, inclusive a criança! Acredite! Simplesmente a criança é tomada por um turbilhão de emoções, fica confusa e reage confusamente. O sistema límbico, em sinal de alerta a algum ou alguns estímulos do ambiente, fica encharcado de hormônios secretados como resposta. O neocórtex não tem espaço e não é convidado para entendimentos e análises, e aí as reações físicas começam incontroláveis. Ocorre um imenso desconforto e mal-estar generalizado que a criança não contém e simplesmente expressa como pode: chora, grita; se mais velha, bate porta, quebra objetos, chuta (é reação fisiológica). Então, como lidar com essa birra, que podemos chamar de sequestro da amígdala?

Com crianças pequenas, a tática de distrair para outro estímulo já acalma, mostrando um bichinho de brinquedo, ou algo colorido e em movimento.

Com crianças maiores, pode-se declarar abertamente: sei que você está muito zangado (em tom firme) e sei que não está se sentindo confortável com isso. Vamos sentar juntos e encontrar uma solução pra tudo isso! E a tendência é a retomada de si.

Em situações em que exista risco de se machucar ou de machucar alguém, precisa-se conter com firmeza e jamais bater ou agredir com palavras ou ameaças.

Análises e considerações precisam ser feitas depois que a criança se retomou. As análises e entendimentos feitos por meio de abordagem do Método CoRE ajudam incrivelmente no exercício de integração do cérebro que pensa com o cérebro que sente. E isso acalma e aumenta a condição da criança de poder controlar-se melhor em outros momentos semelhantes.

Crianças que aumentam sua integração entre emoção e razão quando estimuladas a realizar o entendimento dos seus sentimentos em situações que normalmente as tirariam do sério passam a dizer para si mesmas coisas

Será que meu filho tem jeito?

do tipo: "Estou muito zangada e sei que existe algum jeito de resolver isso". E isso as mantém bem.

Os danos desse encharcamento de hormônios são bem grandes, porque disparam uma série de reações em cadeia no corpo. Além do risco de se machucarem fisicamente, ainda correm o risco de sedimentar o hábito de manter reações intempestivas. Daí pra frente em sua vida, diante de estímulos difíceis e até de menor intensidade, ficam como um fio desencapado, e a qualquer estímulo derramam uma grande quantidade de hormônios que expressam emoções conturbadas e intensas de tristeza e choram com dor e sofrimento genuínos diante de acontecimentos tidos pela maioria como triviais. Ou se transformam nos "galinhos de briga" de plantão, bastando um senão qualquer para partir para socos e pontapés e sentem-se ao mesmo tempo com razão e confusos.

O adulto sensível e que conhece a criança com quem convive precisará distinguir uma BIRRA da outra (intencional ou surpresa) e intervir apropriadamente em cada uma.

Alguma vez você já assistiu à cena em que a criança está "tocando o terror" e o adulto se agacha no meio do shopping e sem nenhuma assertividade diz coisas do tipo: filhinho, levanta daí, como a mamãe ensinou? E age assim por não compreender os tipos de birra e suas características e por não conseguir fazer essa distinção e agir da forma que resulta em mudança de comportamento.

Acredito que a construção de um mundo melhor acontece na melhoria e desenvolvimento de cada pessoa. Se isso começar dentro de casa e em cada criança, a tendência é termos uma sociedade mais harmoniosa, com menos litígios e violência.

Na minha concepção, não faz sentido, não faz sentido mesmo, o rompimento de relações entre adultos que professam visões políticas, ideológicas, religiosas diferentes. O que impede as pessoas de expor pensamentos e visões diferentes sem precisar ter julgamento sobre o ponto de vista alheio como pior ou errado? A intransigência se constrói na tenra infância, quando só o que conseguia perceber era ameaça e risco diante de fatos rotineiros ou excesso de resiliência e permissividade desmesurada. Ajudar crianças no entendimento de suas emoções e reações com uso de boas perguntas permite que elas encontrem novas soluções e transforma a relação em casa e na escola. Como poderão aprender mais e desenvolver-se mais as crianças que estão com suas emoções bem cuidadas e se sentem amadas e compreendidas mesmo em seus momentos de explosão e descontrole? O Método CoRE tem uma grande contribuição na saúde emocional de famílias, escolas e comunidades, com ferramentas e técnicas específicas criadas para facilitar a vida da criança na convivência com outras crianças, com as regras, com os embates sociais e com os desafios rotineiros com irmãos, meios-irmãos, separação dos pais, novos parceiros dos pais. Surge como opção certeira e efetiva no meio de uma panaceia de teorias e fórmulas prontas nem sempre úteis ou eficazes.

Sinceramente, eu acredito verdadeiramente que, com mais pessoas se beneficiando desse método, as relações familiares vão prevenir muitas disfuncionalidades atuais e futuras. Sim, as famílias podem construir juntas a prevenção de quadros de ansiedade, pânico, medo e algumas psicopatologias.

Muitos pais só conseguem organização e disciplina em casa por meio de ameaças, barganhas e imposições. Aplicar técnicas bem estruturadas com base na troca de pontos de vista pode dar mais trabalho, a princípio, mas é a única forma saudável de desenvolvimento e crescimento sustentáveis para um ambiente verdadeiramente ordenado e equilibrado.

CAPÍTULO 14

O que pode ser feito para diminuir a possibilidade de quadros psicopatológicos na infância e na adolescência?

Ando um tanto assustada com a normalização das doenças psíquicas entre jovens em nosso tempo. Adolescentes falam sem nenhuma cerimônia que estão tendo uma crise de ansiedade, atentam contra a própria vida impulsionados pelos olhares de outros jovens a quilômetros de distância *on-line*, apresentam graves transtornos alimentares, adolescentes e até crianças usam estilete para fazer cortes e sangrar até encharcar as mãos e seu uniforme e na sequência declarar ao professor, entre risos, que gosta de chupar o próprio sangue. Estou citando fatos que me chegam todos os dias, relatados por professores com quem convivo. Acredite, não estou iniciando um roteiro de filme de terror, mas essa realidade está se mostrando vampiresca.

Professores, diretores de escola, psicólogos escolares e pais não estão sabendo como lidar com essas ações, que inclusive trazem *status* entre seus semelhantes *off-line* também. E parece que esses quadros não estão assustando mais. É grave, muito grave o aumento progressivo de depressão, ansiedade, pânico e outros quadros em crianças e adolescentes!

Abaixo apresento breves informações sobre as psicopatologias mais recorrentes em nosso tempo e alternativas de intervenção dos pais e dos educadores.

ANSIEDADE INFANTIL

Ansiedade
Do latim *"anxiam"* = inquietação/preocupação
      e
"anguere" = apertar/sufocar

Ansiedade é uma combinação complexa de sentimentos de medo, apreensão e preocupação, geralmente acompanhada de sensações físicas como palpitações, dor no peito e/ou falta de ar. Ansiedade pode existir como uma desordem cerebral principal ou pode estar associada a outros problemas médicos, incluindo desordens psiquiátricas.

SINTOMAS MAIS COMUNS DE ANSIEDADE:
- Fala acelerada
- Olhos arregalados
- Medo sem causa aparente
- Boca seca
- Taquicardia
- Sono inquieto ou insônia
- Tremor
- Choro convulso
- Descontrole emocional
- Falta de ar
- Respiração acelerada
- Ficar pensando no que vai acontecer

É prudente consultar um especialista em psiquiatria infantil quando sintomas como os descritos acima acometem a criança com frequência.

Será que meu filho tem jeito?

Ouvir o que o filho está sentindo sem desmerecer ou desqualificar é sinal de respeito, o que fará com que ele se sinta acolhido e com espaço aberto para pedir ajuda.

AUTOMUTILAÇÃO

A automutilação não suicida se caracteriza por lesões que o jovem faz intencionalmente em si mesmo que podem ser arranhões superficiais, cortes com uso de estiletes ou facas, queimaduras com uso de cigarro ou ferros quentes, perfurações com objetos pontiagudos e outras autoagressões.

Esse comportamento sugere que a criança ou adolescente está sentindo profundas dores e sofrimentos na alma que são amenizados pela dor física. Os jovens que se autoflagelam costumam dizer que é preferível ver o sangue, sentir a dor na carne, porque isso alivia a dor da alma.

Esse comportamento autolesivo sugere, ainda, angústia intensa, sofrimento profundo de abandono, de não escuta e de baixíssima autoestima.

Pesquisas comprovam que, diante da dificuldade de lidar com emoções, especialmente de raiva, tristeza e ansiedade, a saída para esses jovens é machucar a si mesmo como um efeito calmante. Existem, de fato, evidências científicas de que, quando uma pessoa se corta, o corpo libera algumas substâncias que podem ser calmantes. Então vale averiguar junto com a criança e o adolescente que apresente automutilação em que lugar está essa dor, conversar sobre essa dor, para liberar essa dor lancinante sobre a qual o jovem não tem entendimento nem controle.

Outro aspecto a ser considerado é que se machucar pode ser um jeito desesperado de receber alguma ajuda. Pode-se perceber se essa é a situação quando a criança se automutila logo após momentos em que não recebeu atenção ou ajuda. E a solução nem de longe é dizer: "Ahhh ele só quer chamar atenção...".

Usar esse tipo de comentário altera de que maneira a situação da dor dessa criança, desse adolescente? Simplesmente não muda nada! Só acolhimento e diálogo trarão os temas dolorosos à tona e levarão o sistema familiar ao encontro de novas ações e soluções. Note os pedidos de ajuda e ajude!

Uma ajuda fundamental é iniciar um tratamento com psiquiatra e psicólogo imediatamente.

PÂNICO, MEDO E FOBIA

São três aspectos distintos. O pânico é um transtorno psiquiátrico que vai além do medo. Caracteriza-se por um medo difuso, inexplicável e inespecífico. As crises de pânico podem ocorrer sem razão específica e vir acompanhadas de sintomas físicos, como choro convulsivo, sudorese, taquicardia, formigamento em partes do corpo e falta de ar. Podem ser violentas, porque dão a impressão à pessoa de estar sofrendo um ataque cardíaco, ela pode perder o controle por completo e ter a sensação de morte.

Embora sejam desconhecidas as causas da síndrome do pânico, o que se sabe é que ela sofre a influência de fatores genéticos, estresse ou mau funcionamento dos neurotransmissores perante determinadas circunstâncias, o que leva o cérebro a interpretar uma situação corriqueira como de grande perigo iminente, desencadeando, assim, uma crise. Pessoas em situação de risco como violência, uso de álcool e drogas têm mais predisposição a desencadear crises de pânico.

A fobia consiste em um transtorno de ansiedade que pode, inclusive, incapacitar a pessoa de agir naturalmente em sua rotina e na vida social. Ocorre em momentos específicos, quando, por exemplo, antecede alguma situação nova ou desconhecida; também pode acontecer mediante a exposição a eventos específicos ou objetos concretos, como fobia de altura ou de aranhas.

A fobia resulta de uma ameaça interna e conflituosa que pode ocasionar apreensão forte e desconcertante, dores de cabeça, inquietação, e, com o tempo, a pessoa passa a evitar situações triviais que, hipoteticamente, poderiam levar a eventos e objetos fóbicos. Em geral, o objeto da sensação específica está relacionado a uma situação pela qual o indivíduo passou; por exemplo, foi mordido por um cachorro e desenvolveu fobia por cães.

Será que meu filho tem jeito?

Tanto as situações de pânico quanto as de fobia precisam de acompanhamento médico e psicológico. Não há relação direta entre pânico, medo e fobia. O medo não leva, obrigatoriamente, a um ataque de pânico.

A seguir você verá um detalhamento do aspecto medo que é bem recorrente em crianças e jovens, e os adultos cuidadores podem ajudar em muito.

O medo faz parte da natureza humana, é uma emoção desagradável que se dá quando a criança sente que existe um perigo real ou imaginário. É um estado emocional que ativa os sinais de alerta do corpo perante os perigos e é uma importante etapa no desenvolvimento de cada criança. Certa dose de medo é uma ajuda para a sobrevivência.

Nem sempre o medo é expresso verbalmente pela criança, portanto pais e professores precisam estar atentos para identificar a existência do medo, e essa percepção exige dedicação e sensibilidade. É preciso estar atento aos sinais demonstrados pela criança e saber conversar sobre o que está acontecendo com ela, que pensamentos estão passando pela cabeça, que sensações ela está tendo no corpo.

As crianças têm muito medo da ausência dos pais, o que, para elas, caracteriza o abandono. No início da vida, as crianças ainda não conseguem separar a fantasia da realidade e não têm ainda noção de tempo, por isso algumas ausências podem significar para a criança abandono absoluto. Conforme a criança vai crescendo, ela vai lidando com isso de forma mais tranquila e percebendo que a presença dos pais não é possível o tempo todo, mas que eles sempre voltam ao seu encontro. Crianças que têm experiências com negligência na infância podem ter, pela vida toda, medo da solidão e da rejeição toda vez que não estiver perto fisicamente das pessoas que ama. Acontece que, muitas vezes, a solidão é necessária para entendermos quem somos, e nem sempre as pessoas que amamos estão perto fisicamente de nós. Saber lidar com esse sentimento é importante para a vida adulta.

A atitude dos pais determinará como a criança vai lidar com suas experiências de medo, portanto é importante que falem com naturalidade dos medos, para que a criança os compreenda e os exprima. Os contos e os jogos em família são importantes em todo o processo de desenvolvimento, tendo nas situações de medo um papel fundamental. Os contos infantis facilitam o contato com o medo, porque a criança vive, por meio do protagonista, conflitos e momentos de medo que acabam por ser resolvidos, e por isso ela pede muitas vezes para os pais repetirem a mesma história. Os contos lidos ou explicados pelos pais são a melhor maneira de viver e partilhar todas as emoções para que a criança não se assuste.

Alguns jogos infantis, como esconde-esconde, ajudam a criança a suportar a inquietude da solidão, do abandono e do escuro. Algumas crianças ficam tão inquietas que, se não forem logo encontradas, acabam por abandonar o esconderijo.

Se os medos não interferirem na vida da criança, são considerados normais, e o mais provável é que desapareçam sozinhos. A maior parte dos medos infantis desaparece espontaneamente por volta dos 8 anos; alguns podem persistir até à adolescência ou por mais algum tempo. Para que os medos sejam considerados normais, não devem interferir na vida cotidiana da criança, caso contrário será importante consultar um especialista.

Para compreender melhor seu filho, saiba abaixo quais os medos habituais em cada idade

Entre os 2 e os 4 anos

Nesse período predomina o medo dos animais, primeiros dos grandes e depois dos pequenos. Algumas crianças manifestam medo de pessoas mascaradas, mostrando alguma prudência mesmo com os palhaços.

Surge também o medo do escuro, que é o equivalente ao medo de estar sozinha. Por esse motivo, a partir do segundo ano pode começar a ter dificuldade quando vai para a cama, tendo por vezes medo de adormecer, pedindo muitas vezes aos pais para deixarem a porta aberta. É conveniente aceitar esse pedido, mas deve-se ir encostando progressivamente a porta, até que a criança se habitue ao escuro. Por volta dos 4 anos, os pesadelos são frequentes; muitas vezes a criança pode acordar gritando, sem saber exatamente o que sonhou.

Será que meu filho tem jeito?

Até os 6 anos
Por volta dos 5 anos, a criança começa a ter medo do dano físico. É a fase da imaginação fértil, que pode se intensificar na hora de dormir, surgindo fantasias assustadoras, seres imaginários, como animais e monstros. Podem surgir receios aos espaços abertos e cheios de gente. Nessa idade, o medo costuma contagiar-se, por isso algumas crianças sensíveis sentem mais medo quando estão com pessoas medrosas.

Dos 6 aos 8 anos
Predomina o medo das sombras, fantasmas ou ladrões. São receios em relação ao invisível. Aos 8 anos, a criança começa a ficar muito sensível ao tema da morte, descobre a morte como fim a qualquer instante, e tudo o que acaba a inquieta.

A criança tem maior consciência do perigo e às vezes de uma maneira exagerada, por exemplo se os pais saírem de casa sem ela, receia que lhes aconteça alguma coisa. Embora a criança nessa idade já seja autônoma em vários aspectos, continua a precisar muito dos pais e receia perdê-los. Esse medo pode manifestar-se por queixas, mal-estar físico e cansaço, que repercutem no rendimento escolar.

Dos 9 aos 12 anos
As crianças têm medo de incêndios, acidentes e doenças graves. Também surge o medo quando os pais discutem, pois receiam que se separem. Aparecem medos relacionados com a escola, tais como a possibilidade de repetir o ano, o fato de tirar más notas e os pais poderem receber algum aviso de mau comportamento.

Como lidar com o medo:
1. Dê total atenção, entenda, questione e estimule a criança a falar sobre o que pensa e sente. Dessa forma, expressando-se verbalmente, será possível enfrentar o medo. É possível que a criança encontre soluções para as suas fantasias quando há diálogo e troca.

2. Fale sempre a verdade sobre os medos reais, para que a criança tenha a noção de perigo – para que ela saiba, por exemplo, que as escadas e as piscinas representam alguns riscos –, mas não é preciso exagerar.
3. Brinque com o seu filho e entre na fantasia dele. As experiências lúdicas ajudam a lidar com as suas ansiedades; o bicho mau é um exemplo. Bonecos e brinquedos são um treino para a vida. As crianças gostam de representar na brincadeira o sentimento de medo diante de uma situação real, como a ida a um hospital, por exemplo. Faça parte da brincadeira ajudando na busca de soluções, o que auxilia a minimizar os medos.
4. No contato com pessoas estranhas ao convívio rotineiro da criança, é muito importante a apresentação formal delas, para que a criança saiba que aquele estranho tem autorização dos pais para se aproximar e assim ela não sentir receio dessa aproximação.
5. Avaliar a intensidade do medo e atentar para o limite da normalidade, que faz parte da rotina saudável da vida. Caso o medo se apresente desmesurado para a situação, é necessário buscar ajuda com um psicólogo.
6. Jamais use o medo como meio de poder e de contenção da criança. Ameaças só reforçam o medo.

Falta de autoconfiança

Baixa autoestima pode desenvolver, nas crianças, sentimentos como angústia, dor, desânimo, preguiça, vergonha e outros sentimentos negativos. Em razão disso, manter autoestima positiva é uma tarefa fundamental dos adultos cuidadores para o crescimento das crianças.

Dentro de cada um de nós, existem sentimentos ocultos que muitas vezes não percebemos. Sentimentos como mágoa, tristeza, rancor, raiva e outros, se não forem devidamente elaborados, podem se converter em grandes prejuízos. Esses sentimentos podem levar uma pessoa não somente a sofrer depressões contínuas como também a ter complexo de culpa, mudanças repentinas de humor, crise de ansiedade, de pânico, reações inexplicáveis, indecisões, inveja excessiva, medos, hipersensibilidade, pessimismo, impotência e outros males.

UMA CRIANÇA QUE NÃO SE VALORIZA

Baixa autoestima também pode levar uma criança a sentir-se sem valor e, em razão disso, a estar sempre se comparando com os demais, supervalorizando as virtudes e as capacidades dos demais e os percebendo como superiores a ela. Passa a cultivar uma sensação de que jamais chegará a ser como eles.

Essa postura pode levá-la a não ter objetivos, a não ver sentido em nada e a convencer-se de que é incapaz de conseguir qualquer coisa que se proponha.

Uma criança ou um adolescente que se desvaloriza não consegue compreender que todos somos diferentes e únicos e que ninguém é perfeito. Que todos erramos e que podemos começar de novo.

O ambiente familiar é o principal fator que influencia na autoestima, onde as crianças vão crescendo e formando sua personalidade. O que sua família pensa dela é de fundamental importância para a construção de uma autopercepção de valor próprio e autoconfiança. Que ajude o jovem a perceber que, embora ele tenha defeitos e dificuldades, estes podem ser minimizados e até definitivamente resolvidos.

É recomendável que os pais não se esqueçam de conversar e valorizar o esforço e as conquistas dos filhos, estimulando desde a conquista de ficar em pé e começar a andar, um bolo de chocolate que fez, incluindo uma simples organização do cronograma de estudos. Se os adultos veem as situações de conquista como triviais e até como uma obrigação, perdem a oportunidade de ampliar a autoestima e a segurança em seus filhos. Crianças e adolescentes que são valorizados se sentem suficientemente estimulados a seguir se esforçando para conseguir outras conquistas e para se superar.

O importante em todo o processo de crescimento dos nossos filhos é darmos a eles a possibilidade de ser, de sentir-se bem consigo mesmos.

Que nosso esforço esteja vinculado ao afeto, ao carinho, à observação, a valorizar suas qualidades e a apoiá-los quando algo vai mal. E para isso é necessário conhecê-los a cada dia, favorecendo os encontros, as conversas e o contato físico.

DEPRESSÃO INFANTIL

A doença nas crianças se caracteriza por dores físicas, isolamento e dificuldade de aprendizado.

Como identificar seus sintomas e como prevenir essa doença tão difícil de ser diagnosticada?

Não é toda criança que tem depressão que vai atentar contra a própria vida, mas esse pode ser um trágico desfecho em alguns casos. Portanto, a prevenção e o tratamento medicamentoso com acompanhamento de psiquiatra e psicólogo são fundamentais.

Setembro é o mês de prevenção ao suicídio. A campanha Setembro Amarelo no Brasil, criada pelo Centro de Valorização da Vida em 2015, visa estimular a sociedade a discutir esse assunto que ainda é tabu.

COMO A DOENÇA SE APRESENTA NAS CRIANÇAS

A psicóloga clínica especializada em infância Luciane Kozicz explica que a depressão em crianças não é como nos adultos. Segundo ela, podem estar deprimidas "crianças retraídas, que se isolam, com dificuldade de aprendizado, que apresentam dor frequente de cabeça e de barriga e que choram muito quando se afastam do cuidador".

A psiquiatra Sheila Caetano conta que crianças dos 7 aos 12 anos que estão em depressão falam "que tudo é muito tédio e que o tédio não sai". "E elas já começam a esboçar um desejo de morte, mesmo que ainda sem ter noção de que se trata de algo irreversível."

Luciane analisa que a depressão infantil "tem sido erroneamente confundida com tristeza. Acontece que a tristeza é passageira. É confundida também com hiperatividade e TDAH", o que sugere que os números reais

Será que meu filho tem jeito?

sejam ainda maiores do que os registrados. A médica revela também que há três vezes mais meninas em depressão que meninos.

A pediatra Ana Escobar recomenda que, por estarem com o cérebro ainda em desenvolvimento, crianças não usem antidepressivos logo de cara. Em vez disso, ela sugere a psicoterapia como primeira opção de tratamento. Um estudo divulgado recentemente no periódico médico britânico *The Lancet* corrobora essa visão, apontando que a maioria dos antidepressivos é ineficaz em crianças e adolescentes com depressão grave, podendo até aumentar a chance de pensamentos suicidas.

Não por acaso, assistimos ao aumento da triste estatística de crianças e adolescentes deprimidos que atentam contra a própria vida. São inúmeras as causas que podem levar uma criança a experimentar sintomas tão dolorosos de depressão. Não pretendo esgotar esse tema, no entanto a complexidade das relações e o extremo de expectativa sobre sucesso numa sociedade conturbada e complexa como a nossa trazem muitos aspectos desencadeadores de depressão.

O sistema familiar acolhedor e aberto ao diálogo horizontal pode auxiliar muito na prevenção e ser capaz de perceber precocemente a necessidade de busca por auxílio profissional, que fará acompanhamento conjunto com a família desde os primeiros sintomas.

Alguns dados sobre o assunto:
- De acordo com pesquisa publicada em 2016 pelo periódico médico britânico *The Lancet*, 2,8% das crianças entre 6 e 12 anos sofriam de depressão grave nos países desenvolvidos;
- Segundo a farmacêutica Julie M. Zito, da Universidade de Maryland, em 2007 cerca de 1,5 milhão de indivíduos menores de 18 anos usavam antidepressivos nos Estados Unidos;
- No Brasil, 61% dos entrevistados em estudo do Instituto Ipsos realizado em 2019 consideram-se muito felizes ou felizes – uma queda de doze pontos percentuais em relação à última edição, feita em 2018, quando o resultado foi de 73%. No mundo, o índice de felicidade também caiu de 70% para 64%.

Marcia Belmiro

Esses dados nos colocam de prontidão para que todos nós, como sociedade, estejamos atentos aos nossos jovens, para não nos omitirmos diante de manifestações comportamentais que sugerem adoecimento que exija cuidados imediatos antes que o pior aconteça.

Ao dar atenção aos comportamentos, emoções e pensamentos das crianças e adolescentes, todos ganham! Ganham os filhos, por se sentirem amparados, acolhidos e valorizados; ganham os pais, por se sentirem no seu papel de educadores cuidadosos; ganha o sistema familiar, que mantém um clima de maior amorosidade, e o clima da casa passa a ser um lugar bom de se viver; ganha, enfim, a sociedade, pela constituição de pessoas mais equilibradas e, portanto, mais produtivas e capazes de servir e de construir relacionamentos saudáveis.

Não temos como evitar que nossos filhos experimentem dores, mágoas, doenças e frustrações, mas existem técnicas e abordagens que podem ajudar crianças e adolescentes a lidar com as situações difíceis.

CAPÍTULO 15

Por que e para que serve dar atenção aos comportamentos e às características específicas dos filhos

Cada criança e cada adolescente carrega em si uma infinidade de habilidades, forças, virtudes e características únicas que só o olhar atento de quem cuida é capaz de identificar e a partir daí o diferenciar entre os demais filhos e entre o grupo de seus amigos.

Muitos pais se perdem olhando para as características que apreciam em um dos filhos e desejariam que o outro filho fosse assim também, como por exemplo mais despachado, mais extrovertido ou mais firme...

Olhar e ver quem o filho realmente é e valorizar suas características únicas é o que poderá levá-lo a utilizar, plenamente, seus potenciais e assim, ao manter sua integridade interna, desabrochar e se inserir no mundo de forma produtiva e autoconfiante.

Valorizar características naturais não significa deixar de cuidar de aspectos que precisam ser melhorados. Ao contrário, ao darmos atenção genuína à criança e ao adolescente que estão se desenvolvendo diante de nós, somos capazes de perceber que habilidades eles têm e quais precisariam ser trabalhadas.

Vou dar um exemplo: algumas crianças sabem de forma natural se relacionar com seus iguais e com os adultos. As situações sociais não têm segredo para elas, que são naturalmente simpáticas e conquistadoras. Já outras crianças apresentam dificuldade de se aproximar, de iniciar uma conversa e até mesmo de responder a uma pergunta dirigida a elas em uma conversa já iniciada por outra pessoa.

Antes de me aprofundar no que leva uma criança a agir de determinada maneira ou de outra, quero apresentar, sucintamente, três conceitos: temperamento, caráter e personalidade.

Temperamento é composto de traços e características inerentes ao indivíduo. Esses são herdados, fazem parte de sua essência e normalmente já se manifestam em tenra idade. O temperamento é expresso pelo bebê em sua maneira de se relacionar com o mundo que o cerca de acordo com suas necessidades básicas (alimentação, higiene, sono).

Caráter é formado por atributos que o sujeito passa a desenvolver por causa da interação de suas características inatas (o temperamento) com o meio ambiente em que está inserido. Os aprendizados que a criança vai acumulando desde o nascimento são fornecidos pelos cuidadores, pelo contexto cultural, social e afetivo-emocional.

Personalidade é a expressão de uma pessoa no mundo, constituída pela associação entre os traços de temperamento e as características de caráter. A personalidade vai sendo construída e desenvolvida ao longo da infância e adolescência e passa a ser percebida externamente por meio dos comportamentos, atitudes e ações de uma pessoa.

Carl Gustav Jung (1875-1961), psiquiatra e psicoterapeuta suíço, em seus estudos organizados no livro *Tipos psicológicos*, explicita, em detalhes, os tipos extrovertido e introvertido quanto à forma típica de pessoas com esses temperamentos interagirem com o mundo e sua tendência no modo de pensar, sentir e agir.

Será que meu filho tem jeito?

Nenhum tipo é melhor que o outro, embora exista uma cultura vigente que valoriza as pessoas extrovertidas. O que se observa na prática é que essa maneira preferencial de interagir atende ou não atende às expectativas da própria pessoa sobre si e sobre seus resultados sociais. O que quero dizer é que uma criança que tem um temperamento tímido, por exemplo, em algumas situações está totalmente confortável com essa forma de interagir com o mundo que a cerca, e às vezes esse comportamento que expressa sua natureza traz alguns impedimentos e distanciamento social, quando o que ela desejaria é ter mais proximidade com seus colegas e seus professores.

A boa notícia é que todas as habilidades, incluindo as sociais, podem ser adquiridas em todas as etapas da vida; no entanto, quanto antes os pais derem atenção aos comportamentos e às atitudes dos filhos, mais cedo será possível capacitá-los a encontrarem soluções para os problemas que enfrentam, por terem determinada característica, sem que percam de vista sua essência natural.

No exemplo apresentado anteriormente, de uma criança tímida, é possível capacitá-la a se relacionar com as demais pessoas de maneira fluida; fazê-la se aproximar dos pares e pedir para brincar com eles; ensinar a ela a resolver conflitos que acontecem no pátio da escola; fazer com que se sinta à vontade para fazer um questionamento ao professor no meio da aula, mantendo, mesmo assim, seu temperamento tímido.

Há um risco, no entanto, que é tomar características que ainda estão em processo de sedimentação como características já definidas nas crianças e adolescentes. E risco maior ainda é a utilização de rótulos e estereótipos sobre comportamentos e atitudes que as crianças em crescimento apresentam, mas que não podem ser consideradas como sua essência.

O termo **RÓTULO**, em sentido figurado, significa qualificação simplista e/ou feita com impropriedade sobre grupos ou pessoas. Já **ESTEREÓTIPO** é um conceito, uma ideia ou um modelo de imagem atribuído às pessoas ou a grupos sociais, muitas vezes de maneira preconceituosa e sem fundamentação teórica. Em resumo, estereótipos são impressões, ideias preconcebidas utilizadas como se fossem verdadeiras.

Pais, avós, professores acham natural classificar as crianças conforme atitudes avulsas que elas apresentam, chamando-as de adjetivos que passam a ser usados como se fosse nome. Os mais comuns são:
- Boazinha ou obediente
- Birrenta ou chorona
- Teimosa
- Tonta ou lerda ou desligada
- Preguiçoso
- Sabe-tudo ou gênio
- Impossível ou pestinha
- Palhaça

Muitos pais se referem aos filhos com comentários desse tipo, repetidos à exaustão. Crianças e adolescentes estão em desenvolvimento, em processo de descoberta de identidade, e os adultos acabam definindo-os sem perceber, por meio de suas falas. Até os rótulos positivos trazem prejuízos. Determinado comportamento não define quem a criança é de verdade.

Quando apresentam comportamentos inadequados, crianças e adolescentes necessitam de apoio no desenvolvimento de novos comportamentos e de novas habilidades sociais para superarem a si mesmos e suas dificuldades.

Veja dez **atitudes para ajudar filhos e alunos no desenvolvimento de habilidades sociais:**

1. Reforçar positivamente cada ação que a criança realize em direção a se expor, se expressar e a se relacionar, por menor que seja. Pare de achar que esse é o pior problema do mundo! Mudanças de comportamento são graduais. O simples fato de seu filho se encontrar com um coleguinha na rua e parar para trocar poucas palavras deve ser reforçado positivamente.
2. Não comparar com outra criança que tem mais facilidade nas relações sociais, porque isso não trará mudanças em seu comportamento, na verdade só fará com que ela se sinta incapaz.

Será que meu filho tem jeito?

3. Treinar com a criança situações cotidianas de como pedir para entrar em uma brincadeira, em que ela encontre sua forma de falar e de chegar perto das pessoas.
4. Estimular a criança a perceber-se com seus melhores recursos e características pessoais, perceber-se a si mesma de forma positiva, auxiliando-a a se sentir confiante sobre como se comportar com pessoas na vida real.
5. Proporcionar oportunidades em que a criança se habitue aos contatos sociais, como ir a festinhas, realizar atividades extraescolares, ir ao *playground* e às áreas comuns do condomínio, convidar amigos, sempre com anuência total da criança. Importante: Não a surpreenda com essas visitas nem fique se aliando aos pais de colegas contando sobre essa dificuldade da criança, porque em breve outros colegas na escola que tinham essa impressão passarão a ter certeza e poderão se apiedar da criança, piorando bastante a situação.
6. Não levar videogames, *tablet* e celular quando for para lugares em que possa acontecer convivência com outras pessoas. Isso evita que a criança fique brincando sozinha.
7. Os pais podem também exercitar mais convivência com seus próprios amigos, assim a criança tenderá a se espelhar nesse comportamento dos adultos.
8. Estimular a criança a fazer coisas por ela própria (como tomar decisões), ampliando, assim, sua segurança pessoal e amor-próprio, para que seja capaz de enxergar a si mesma como responsável por si e adquirir autonomia para agir em sua própria vida social.
9. Identificar talentos e dons da criança e levá-la a experimentar atividades de que goste e nas quais possa sobressair, o que trará alguns admiradores e certo reconhecimento social.
10. Criar pequenos eventos junto com a criança em que ela seja a anfitriã, do tipo festa do pijama, sessão pipoca com filmes, encontro do clubinho, aniversário da boneca, festival de jogos de tabuleiro, jornada de videogame, jogos ao ar livre com um grupo de colegas,

terminando com lanche. Assim ela tende a se sentir mais segura por estar no seu território e por ser quem organizou e convidou.

O Método CoRE é uma prática a ser inserida em qualquer dinâmica relacional, nas escolas, em casa, com alunos e filhos, visto que traz profundas mudanças comportamentais e resultados que se sustentam ao longo do tempo, e isso se dá porque aborda aspectos estruturais para o saudável desenvolvimento de crianças e adolescentes. Quais sejam:
- Autoconhecimento
- Autorresponsabilidade
- Foco no futuro e na solução
- Rompimento de crenças autolimitadoras e
- Não julgar, não propor, acreditar que cada pessoa tem sua melhor resposta e que apenas ainda não conseguiu acessar essa melhor e única resposta que se adequa ao seu sistema, cultura e realidade.

O Método auxilia a criança, em sua singularidade infantil, a antes de tudo ser criança, a lidar com os problemas típicos de sua idade, tais como timidez, medo de dormir no quarto sozinha, birra, relacionamento com os novos parceiros do pai ou da mãe, relacionamento com o novo irmãozinho, deixar as fraldas, alimentação, relação com os amiguinhos de escola e do cursinho de inglês, com situações de *bullying*.

O Método auxilia o adolescente na busca de seu posicionamento no mundo, na aproximação social com seus iguais, nas relações familiares, no seu desempenho acadêmico já o preparando para escolha profissional, nos primeiros relacionamentos amorosos, na definição de seus objetivos diante da proximidade da vida adulta, e principalmente no seu processo identitário.

Para aplicação do Método CoRE foram criadas técnicas específicas que acessam naturalmente os conteúdos que povoam o pensamento e o sentimento da criança e do adolescente para a partir daí serem estimuladas novas atitudes para atingir seus objetivos, que são traçados na primeira sessão, junto com seus pais e/ou cuidadores.

Será que meu filho tem jeito?

O atendimento parental ajuda pais e cuidadores a compreenderem os verdadeiros propósitos e valores na criação de seus filhos, saindo do lugar-comum e revendo um padrão da atual sociedade que leva a crer que, para a criança ser bem-sucedida no futuro, significa exaurir suas forças com a superaquisição de conhecimentos e formações e cursos, deixando de lado a principal atividade da infância, que é o brincar, para que se constitua uma personalidade saudável e harmoniosa. O lúdico pode transformar as atividades rotineiras em momentos de alegria, e essa providência está nas mãos da família. Os capítulos 4 e 5 trazem considerações da importância do brincar no desenvolvimento psíquico, social e cognitivo da criança.

A melhor formação para constituir um futuro adulto saudável é deixar a criança ser criança, livre de medos, livre de inseguranças, livre para se posicionar numa relação positiva com o ambiente que a cerca, de tal forma que aprenda a associar o que pensa com o que sente e assim desenvolver uma personalidade ajustada e harmoniosa.

Crianças e **adolescentes** necessitam de:
- Maior autoconfiança;
- Automotivação;
- Compromisso com sua rotina de estudos, higiene e alimentação;
- Melhor relacionamento com pais, irmãos e amigos;
- Maior aceitação, tolerância e empatia no convívio com seus semelhantes e com as diversidades;
- Senso de pertencimento, sentindo-se gratos e amados.

Professores necessitam de:
- Melhor relacionamento com seus alunos;
- Mudança na percepção sobre a criança e seus potenciais;
- Maior autoconfiança em suas habilidades de educadores;
- Segurança para lidar em situações de descontrole, responsabilidade com estudo e tarefas e conflitos em sala de aula;
- Mais autocontrole diante de situações desafiadoras e de estresse causadas pelas rotinas na classe.

Pais necessitam de:
- Melhor relacionamento com seus filhos;
- Mudança na percepção sobre a criança, seus potenciais e suas possibilidades;
- Maior autoconfiança em seu papel e responsabilidades de educar;
- Aumento de autoconhecimento;
- Segurança para lidar com situações de birra, descontrole, alimentação, responsabilidade com estudo e tarefas, medos e conflitos com irmãos;
- Melhor entendimento dos seus sentimentos e emoções ligados à própria infância;
- Técnicas práticas e facilmente aplicáveis para lidar com suas próprias emoções e para auxiliar seus filhos a lidar com as próprias emoções.

O Método CoRE busca suprir as necessidades descritas acima e ainda ajuda as mães a tirarem um peso enorme de suas costas quando repetem frases do tipo: **"ME SINTO A PIOR MÃE DO MUNDO!!!"**.

Pais sentem grande culpa porque, embora o comportamento inadequado seja da criança que não come, passa muito tempo diante da tela, tem dificuldade de se relacionar com os pares, não dorme na própria cama, sabem que os adultos envolvidos na relação são os que têm condições de mudar esse estado de coisas. Não se trata de culpa, mas de condições e de capacidade do adulto em alterar o contexto, o tipo de comunicação, as relações, para obter comportamentos mais apropriados em casa.

O filho é dos pais, mas isso não significa que eles podem fazer o que quiserem com ele. Há atitudes e ações que funcionam, enquanto outras só trazem dor, mágoa e distanciamento, além de não mudarem em nada o mal-estar e o clima doméstico.

Crianças e adolescentes necessitam que nós, adultos, sejamos desenvolvedores e incentivadores das habilidades que lhes são naturais, para que assim tenham estofo emocional e encontrem recursos em suas próprias características para lidar com as inevitáveis dificuldades que surgirão no decorrer da vida.

CAPÍTULO 16

"O filho é meu! Faço com ele o que quiser!"

Quem nunca ouviu ou até disse essa frase? Muito se tem discutido a validade do conceito de relacionamento tóxico, não só em relacionamentos amorosos mas também entre pais e filhos. Entende-se que há um relacionamento tóxico ou abusivo quando neste há características como ciúme excessivo, controle da vida do outro, invasão de privacidade, chantagem emocional e manipulação da autoestima.

Parentalidade tóxica

No relacionamento abusivo parental, é comum usar violência física e/ou emocional com o objetivo de ter autoridade sobre os filhos.

No entanto, isso se chama autoritarismo, que por sinal só gera consequências negativas – como medo e revolta nas crianças e adolescentes – em vez do respeito e da admiração desejados.

Da mesma forma que nos relacionamentos amorosos tóxicos, os pais abusivos comumente infligem maus-tratos com atos ou palavras aos filhos, sob a justificativa de que "estou fazendo isso para o seu bem, porque te amo". Na verdade, além da dor que o jovem sente, ele se desenvolve física e psiquicamente acreditando que violência e amor podem andar juntos – ou seja, futuramente esse jovem estará mais propenso a entrar em um namoro abusivo, por entender que isso é normal e saudável.

Veja dez sinais de alerta para perceber se a família está mantendo uma relação tóxica com crianças e adolescentes:

1. Bater, gritar, xingar

Crianças machucadas física, moral ou emocionalmente costumam se comportar de maneira exageradamente reservada, buscando encobrir o que se passou em casa, pois têm medo de que se alguém descobrir possa denunciar seus cuidadores, e daí temem apanhar mais ainda ou sofrer mais agressões verbais. Mostram-se assustadas, como se estivessem em frequente estado de alerta, pois não sabem de onde ou quando poderão vir as ofensas.

Sofrem em silêncio, sentem-se inadequadas e imaginam ser a causa de todo mal que acontece entre os demais membros da família.

2. Ameaçar e fazer jogos emocionais do tipo "se você isso... então eu..."

As ameaças e os jogos emocionais são muito frequentes em relações parentais tóxicas, visto que esses cuidadores só conseguem manter a disciplina e a ordem em suas casas por meio do padrão de domínio e controle.

Crianças aprendem todos os tipos de padrão que lhes são ensinados e tendem a reprisá-los em suas relações – com seus semelhantes ou mesmo com adultos. Então é um sinal de alerta quando uma criança só consegue estabelecer relações com base em ameaças, usando falas com seus colegas como: "Se você não brincar agora comigo, eu vou...".

3. Tornar as crianças dependentes, sem autonomia

Muitos pais acreditam que falar pela criança sem a deixar completar sua comunicação é cuidado e zelo, porque pensam que ela é muito pequena ainda e que precisam ajudar a criança. Acreditam que calçar seus sapatos, vesti-la e banhá-la além dos 4 anos é amor. E até mesmo agir por ela, como, por exemplo, fazer suas tarefas escolares.

A questão é que, durante o processo de crescimento, a criança vai naturalmente adquirindo prontidão neurológica, motora e social para realizar diversas tarefas, e por isso continuar recebendo a ajuda dos pais indefinidamente atrasa seu desenvolvimento.

O pior é que alguns pais se sentem profundamente orgulhosos de seus filhos dependerem em tudo deles, como se essa dependência fizesse com que eles se sentissem amados e imprescindíveis aos seus filhos. Porém, a dependência além do necessário poderá causar medo excessivo e insegurança de ficar sem a mãe ou o pai perto.

4. Fazer os filhos reprimir sentimentos negativos

Os sentimentos de uma criança e a expressão desses sentimentos é algo saudável, natural e genuíno, porém nem sempre eles serão positivos. Angústia, medo, raiva, tristeza são sensações que teremos durante toda a vida, então desde a infância é essencial ajudarmos os pequenos a lidar com elas.

Reprimir os sentimentos negativos, banalizando medos ou incentivando a criança a não chorar, não traz autoconsciência à criança quanto às suas manifestações naturais internas.

E ainda por cima o registro que fica para a criança é de que ela só é aceita e amada quando está tendo sentimentos positivos (mesmo que esteja fingindo).

5. Impor condições para o amor

"Eu não gosto de você assim" ou "Desse jeito você me deixa triste" ou "Você é um menino feio quando está chorando".

Essas frases, tão comuns dentro de muitos lares, só servem para levar as crianças a uma sensação de erro e de que não são dignas de serem amadas.

Claro que crianças algumas vezes agem de maneira inadequada, e é possível que em determinados momentos o adulto cuidador se exaspere ou fale coisas que não seriam apropriadas. O problema é não desfazer o equívoco, e aí a criança cria em sua mente uma concepção de que ela é errada, de que não serve para nada, de que faz tudo errado.

O que ajuda aqui é auxiliar a criança a compreender que, mesmo quando ela age da forma não desejada, ainda continua sendo amada. Que o que está em questão não é o sentimento que os cuidadores têm por ela, mas a atitude e o comportamento que não foram apropriados e que precisam ser alterados.

6. Exigir dos pequenos responsabilidades que não competem à sua idade

Cobranças desmedidas como, por exemplo, excesso de organização ou maturidade na resolução de um problema, ou ainda exigir perfeição na realização de tarefas que estejam acima de suas capacidades motoras, frustram a criança e a levam a se sentir incompetente.

7. Não ouvir ou não prestar atenção ao que os jovens estão falando

Conversar com uma criança/adolescente enquanto o adulto assiste à TV ou fala ao telefone ao mesmo tempo gera uma sensação na criança de "não sou importante o suficiente". Alguns até relatam claramente: "Qualquer coisa é mais importante que eu para meu pai/ minha mãe".

As relações afetivas futuras serão um reflexo do que foi aprendido ao observar o comportamento familiar. Portanto, é um sinal de alerta para profissionais que trabalham com crianças e adolescentes o quanto lhes devemos atenção e respeito ao que pensam, respeito ao seu tempo de expor pensamentos, ouvindo-os de fato, e não porque "fica bem". Interagir com o que falam, fazendo perguntas e gerando tempo de qualidade nesse interlóquio.

Esses são os princípios da aprendizagem sobre respeito, amor, companheirismo, empatia, e ajudam a evitar que os jovens se envolvam em relações tóxicas mais adiante na vida.

8. Medo de perder o amor dos filhos

Alguns pais tóxicos cobrem seus filhos de bens de consumo, itens caros, edições limitadas de brinquedos, porque acreditam que dessa forma serão reconhecidos como pais extremosos e assim manterão o amor de seus filhos por eles.

Quando ocorre esse tipo de equívoco, em que se acredita que a troca de afeto por bens de consumo é amor, os filhos continuam a sentir necessidade de uma relação verdadeira de afeto, e é bastante comum que os pais se frustrem achando que seus filhos não valorizam o esforço para comprar tais coisas, enquanto os pequenos seguem em busca de um vínculo real com os pais.

9. Deixar que as crianças assumam decisões para as quais não estão preparadas

Em muitas casas, assistimos à criança decidindo assuntos do dia a dia, como se vai tomar banho ou não, o que vai comer e quanto tempo de televisão verá, e até assuntos maiores, como para onde a família vai viajar nas férias. Nessa inversão de papéis, os filhos se tornam pequenos ditadores. Aqui o que ocorre normalmente são pais que querem ficar "de boa" com seus filhos, não querem se estressar, e daí apelidam, inapropriadamente, essa forma de educar de liberdade e respeito à escolha alheia...

Na verdade, esse tipo de relação tóxica na qual se suprime a necessária autoridade dos cuidadores, que são os adultos capazes de compreender decisões e suas consequências, o que mais acontece é que, além dos inevitáveis prejuízos de decisões mal tomadas, os jovens podem se perceber como o "centro", sem limites. Costumeiramente esses jovens buscam ter poder em outros ambientes e normalmente acabam se impondo pela força, mas sofrem sendo rejeitados.

10. Não aceitar que as crianças cresceram e, portanto, que mudaram gostos e posicionamentos

Tratar adolescentes como se fossem crianças e adultos como se fossem adolescentes é bastante comum em muitos lares. Esses pais não atualizaram dentro de si que seus filhos cresceram. Durante o crescimento, é muito comum que os pais se acostumem com atitudes e pensamentos de quando tinham crianças correndo pela casa e se esqueçam de atualizar seus parâmetros.

Essa falta de mudança pode levar as crianças a ficarem com comportamentos infantilizados, deixando em pausa seu processo natural e desejado de amadurecimento psíquico e social.

> **Muitos pais de hoje foram educados à base de palmadas, castigos e humilhações.**

Quando têm filhos, essas pessoas, sem perceber, podem repetir os padrões destrutivos com os quais foram criados. Quando o filho faz uma birra ou questiona suas ordens, esses adultos têm o ímpeto de dizer, tal qual seus pais faziam, frases como "quem manda aqui sou eu".

No entanto, as consequências invariavelmente serão ruins E NEM SEQUER PERCEBEM ISSO. COSTUMAM DIZER: "EU APANHEI E NÃO ME ACONTECEU NADA, ESTOU AQUI... APANHEI E NÃO MORRI...".

Será que meu filho tem jeito?

Ser feliz e ser capaz de fazer outros felizes implica resolver questões doloridas do passado. Não nos iludamos, ter apanhado na infância, ter recebido muitas negativas na infância, ter se sentido inconveniente e inadequado, ter se sentido incompreendido, abandonado e injustiçado na infância deixa, sim, marcas e marcas que esburacam emocionalmente qualquer ser humano. Se queremos ser pais provedores de saúde e bem-estar aos nossos filhos, podemos começar por nós, por nos cuidar, nos tratar e nos curar.

O OPOSTO TAMBÉM É DANOSO E TÓXICO: a educação permissiva. Quando os pais desejam proporcionar uma criação de liberdade, mas na prática não dão limites, os filhos se sentem ignorados, desprezados, e percebem isso como desamor e abandono. Na idade adulta, quando inevitavelmente passarem por frustrações, esses indivíduos podem não ter o suporte psicológico necessário para aguentar.

O PONTO ESTÁ EM CONSEGUIR DESENVOLVER UMA RELAÇÃO DE AUTORIDADE, SIM, MAS NÃO DE AUTORITARISMO, VIOLÊNCIA E DESPREZO.

Como os pais podem desenvolver uma autoridade verdadeira com relação à criança mas sem se valer de recursos antiquados, violentos ou traumáticos?

Recebo muitas mensagens de pessoas que acompanham meu trabalho dizendo que se sentem numa eterna "corda bamba" entre a condescendência excessiva e a intransigência total na relação com os filhos.

É importante esclarecer que a autoridade da família é exclusividade do adulto. Essa autoridade, no entanto, não é arbitrária nem significa que deva haver uma relação de imposição dos pais para com os filhos.

Quer dizer apenas que o adulto tem prontidão neurofisiológica, devido ao pleno desenvolvimento do neocórtex, para definir os princípios e valores a serem seguidos pelo sistema familiar e, assim, torna-se capaz de expor os limites nas relações familiares e nas relações dos membros desse sistema com o ambiente externo. A criança é convidada a se envolver no processo, na medida de sua prontidão psicológica e maturação cognitiva.

1º Defina combinados de comum acordo
(Se for necessário, retorne ao capítulo 10.)

- Confie em seu filho; apesar da pouca idade, acredite, ele é capaz de dar sugestões viáveis para as questões do dia a dia.
- Exponha a situação difícil que esteja acontecendo (ex.: Na hora do banho, você continua brincando e dizendo que já vai).
- Faça perguntas sobre *COMO* isso poderá ser resolvido da próxima vez.
- Aguarde as respostas da criança (repare que não está em questão tomar ou não tomar banho, mas *COMO* será esse banho – daqui a 10 minutos; com os bonecos; depois que terminar o jogo).
- Nesse *brainstorm*, anote todas as ideias que surgirem.
- Definam juntos, mãe, pai e filho, o que realmente será feito, então.
- Anote os combinados que foram decididos em conjunto.

IMPORTANTE: Quando a criança participa da solução, sua adesão é muito maior.

> ▶ Os combinados estabelecidos na família devem ser seguidos por todos. Ou seja, não adianta dizer que é preciso cuidar da casa quando os adultos deixam tudo bagunçado. A criança não aprende pelas palavras, mas pelo exemplo.

2º O limite, quando dado, deve ter fundamento e lógica
(Se for necessário, retorne ao capítulo 8.)

- Vale a pena pensar: "Estou dizendo 'não' porque isso realmente importa ou por outro motivo qualquer?". O não desnecessário fica descaracterizado, sem sentido, o que confunde a criança.
- Se há clareza sobre a motivação do não, ele deve ser mantido, independentemente da insistência da criança.

3º Depois de uma situação de conflito ocasionada por um limite necessário, é preciso voltar ao assunto com a criança

Só quando o momento de estresse tiver passado será possível para a criança entender verdadeiramente o que aconteceu.

4º Não é porque a criança compreendeu o limite dado que aquela situação nunca mais vai acontecer

- Pelo contrário, o mais provável é que seja necessário repetir muitas vezes os mesmos combinados feitos anteriormente. Isso não quer dizer que a criança esteja querendo irritar os pais ou testá-los, apenas que a criança ainda não tem os critérios claros e definidos para compreender definitivamente o que se quer dela.
- Para ajudar a criança a se lembrar dos combinados, escolha uma palavra-chave (como "sapatos" quando for preciso botar os calçados e sair, "dentes" para a hora de escová-los etc.).

5º O limite é importante, mas pode ser dado de maneira lúdica

A voz nervosa e irritada poderia ser substituída por uma voz imitando robô – ou dinossauro, ou personagem de desenho animado, o que for do interesse da criança.

> **SEMPRE É TEMPO DE MUDAR O RUMO DA RELAÇÃO COM SEUS FILHOS, INDEPENDENTEMENTE DE QUANTOS ANOS ELES TENHAM.**

CAPÍTULO 17

Ações para facilitar o convívio entre irmãos

São muitas as dificuldades dentro de casa para que haja uma convivência tranquila e harmoniosa entre todos os membros da família. São as questões de rotina, como horário de alimentação, de banho, as questões ligadas aos deveres escolares e principalmente as questões que envolvem as relações entre os membros da família, em especial a relação entre irmãos.

A relação entre irmãos é uma das relações mais profundas que há, e, como qualquer relação profunda, acontecerão discordâncias, desavenças, críticas, rixas, ataques! Acrescentem-se a essa relação profunda as duas figuras parentais que são ponto de apoio e afeto dos dois irmãos que, querendo ou não, serão geradores de ciúme e disputa por atenção.

As brigas provavelmente vão continuar a existir – até mesmo na vida adulta entre os irmãos –, e isso por si só não indica que exista algum problema na relação, mas a conotação que os pais dão a essas desavenças é que costuma levá-las a ser um problema.

A palavra **EXAGERO** é o ponto de atenção nas famílias:

- ▶ exagero na importância dos fatos cotidianos ou exagero no desprezo a esses fatos;
- ▶ exagero de apoio ou exagero na falta de apoio.

A quase totalidade das famílias, quando está diante de brigas, discussões ou conflito entre irmãos, busca saber quem fez o quê e, a partir daí, com a melhor das intenções, busca dirimir o embate dando razão a um por certas questões e razão ao outro por outras questões envolvidas no conflito, usando expressões do tipo: "mas você não podia ter falado isso para seu irmão" ou "mas você está errado por agir dessa maneira".

As vozes familiares ficam ecoando dentro das pessoas pelo resto da vida, sejam falas positivas, sejam falas destrutivas. As vozes do tipo "seu irmão é pequenininho..."; "você está sendo mau com seu irmão..."; "você nunca cuida da sua irmã..." trazem muitos prejuízos à autoestima e ao sentimento de pertença e aceitação desde a infância e para os anos seguintes. E aí fica uma pergunta provocadora:

Que vozes você quer que fiquem ecoando dentro da cabeça dos seus filhos?

A chave aqui é a honestidade emocional, agindo com imparcialidade e sem julgamentos. ALERTA!!!!

Quanto mais "protegemos" as relações, mais frágeis elas ficam, necessitando continuamente de que se faça a intermediação para a relação funcionar. Permitir que os filhos resolvam suas contendas é propiciar esse incrível e insubstituível treino de convívio e de estabelecimento saudável da relação com seus iguais, com seus pares.

Se os irmãos não conseguirem se entender e o adulto cuidador precisar mesmo mediar o conflito, deverá tomar o cuidado de não ficar tentando descobrir quem começou ou quem é o culpado ou escolher um lado "certo". O foco deve ser em ajudar ambos a entenderem os sentimentos mútuos e em mediar a conversa, levando ambos a exporem um ao outro (e não ao adulto) o que pensam e sentem sobre a situação geradora do conflito.

Espere os ânimos se acalmarem para voltar ao assunto da briga. Se isso não acontece, os irmãos podem guardam as mágoas, em vez de resolvê-las.

Será que meu filho tem jeito?

Voltar ao assunto da briga como um mediador neutro, não como um promotor que acusa um ou como um advogado de defesa que defende outro.

Esse diálogo de análise posterior ao ocorrido dá certo trabalho e desânimo, porque pensamos assim: "Agora que está tudo resolvido, voltar ao assunto vai estragar tudo e voltar com tudo ao ponto da briga". Pode até ser que a discussão volte, mas não vai voltar ao mesmo ponto de antes, e a tendência é de que, com o tempo desse exercício de relacionamento, haja um amadurecimento da relação entre os irmãos, reduzindo esses embates.

Mesmo com muito diálogo, pode ser que as brigas reduzam, mas não acabem. Nesse caso, evite frases do tipo "vocês não têm jeito mesmo" ou "eu sabia que não conseguiriam se entender". Em vez disso, ajude-os a focar no futuro, dizendo "O que vocês podem fazer para ser melhor da próxima vez?". Assim, as crianças poderão aproveitar os conflitos como oportunidades de aprendizagem no manejo social e na convivência com o outro, sem precisar se submeter ou submeter o outro.

Sintetizando:
1. Não tome partido. Quando as crianças estiverem brigando entre si, controle o impulso de se transformar em juiz, ouvindo as queixas e decretando culpados e inocentes. Em vez disso, empodere seus filhos, dizendo algo como: sei que essa é uma situação difícil, mas tenho certeza de que vocês são capazes de resolvê-la conversando. Caso perceba que alguém pode se machucar, não se omita. Lembre-os de que a regra da família é não bater em ninguém, e, assim que os ânimos estiverem mais calmos, deixe que os irmãos decidam como resolver a questão.
2. Não rotule. Os rótulos, inclusive os "positivos" (boazinha, estudioso, obediente), são prejudiciais. Na relação entre irmãos, quando há o "bagunceiro" e o "calminho", o "esperto" e o "bobinho", o "provocador" e a "vítima" – ou seja, a dicotomia marcada, indicando claramente qual filho está de acordo com a expectativa dos

pais e qual não está –, a disputa entre os irmãos provavelmente vai se acirrar, com prejuízos para toda a família.

3. Não incentive a competição. Frases como: "Seu irmão já acabou de comer, você ainda está na metade do prato" e "Sua irmã chegou em casa e foi direto fazer o dever de casa; você nem começou o seu" mandam para as crianças a mensagem de que é preciso superar o irmão a cada dia, em todas as esferas da vida. Em vez disso, valorize os comportamentos positivos de cada filho, usando como balizador apenas as características dele próprio (de preferência sem usar o nome do irmão). Exemplo: "Vi em seu boletim que você se superou em matemática neste bimestre; deve estar orgulhoso de si mesmo" (em vez de "Sua nota em matemática aumentou, daqui a pouco vai alcançar sua irmã"). Isso também vale para jogos ou atividades diárias (é mais eficaz dizer "Vamos todos chegar bem rápido ao elevador para irmos visitar a vovó" no lugar de "Quero ver quem chega mais rápido ao elevador").

Ter um irmão é uma chance de se desenvolver junto com alguém!

Além disso, os irmãos não têm nenhum compromisso social de ter que satisfazer ou de atender às expectativas um do outro. Nessa situação, ter a oportunidade de aprender a se posicionar vai colaborar muito para o processo de amadurecimento pessoal.

Você, como pai ou mãe, já parou para pensar em como a relação com seus irmãos ajudou a moldar quem você é hoje?

Não existe família
perfeita. Existe família
em constante processo
de cura e encontro.

CAPÍTULO **18**

Autoridade emocional

Quantas vezes os pais não conseguem obter respostas favoráveis das crianças ou não conseguem nem mesmo "ser escutados" por elas? Esse é um cenário bem comum em incontáveis lares, palavras ao vento, gritos de desespero na tentativa de que a criança saia da tela e vá escovar os dentes, que largue o game e vá se deitar, que preste atenção ao que está lendo, que coma legumes e verduras, e por aí vai. Parece que a comunicação sai do emissor, mas é interrompida antes de chegar ao receptor, isso porque em muitas situações o filho diz que não ouviu e não ouviu mesmo. Como se a conversa fosse interrompida ainda no ar. Na verdade, é como se existisse um escudo invisível que mantém pais de um lado e do outro o filho/filha.

Estamos vivendo em uma época em que as pessoas não fazem nada porque alguém mandou, pagou ou obrigou. Ninguém faz nada se não tiver um motivo emocional. E, com crianças e adolescentes, as coisas não estão diferentes. Acabou-se o tempo do "manda quem pode, obedece quem tem juízo". As pessoas questionam, querem entender as razões e o sentido de fazer ou não fazer algo.

Diante desse cenário, ou você estabelece um clima de medo e ameaças dentro de casa que faz com que os filhos façam o que deve ser feito, e assim eles farão por determinado período, ou farão na sua frente ou farão com raiva, revolta e mal-estar, o que não os levará a nenhum aprendizado e amadurecimento; ou você constitui autoridade emocional, que, em vez de ser impositiva, é estabelecida com base em confiança mútua, verdade e diálogo horizontal e, portanto, está longe das barganhas e ameaças.

É com base na autoridade emocional que se constrói uma relação de confiança e apoio mútuo entre pais e filhos, no sentido mais amplo de unidade familiar. A clareza de objetivos e o direcionamento comum levam as crianças a fazer o que precisa ser feito por comprometimento e adesão espontânea e, portanto, as conduzem a experimentar novas visões, novas reflexões e novas atitudes em proveito próprio e dos demais membros da família.

Os filhos podem não concordar com o que precisa ser feito, discutir e opinar, mas compete ao adulto cuidador levá-los a pensar por que determinada tarefa está sendo solicitada, auxiliá-los na compreensão de novos paradigmas que não exclusivamente as ações que aplacariam os prazeres infantojuvenis. Mesmo quando contrariados, os filhos podem aderir à proposição e fazer o que precisa ser feito, por terem disponibilidade afetivo--emocional e predisposição positiva para receber determinada instrução dos pais, porque reputam a eles a autoridade de quem os ama, além de se sentirem amados e respeitados por eles.

Você pode optar por repetir com seus filhos o velho padrão mais que conhecido por todos nós do medo, das ameaças, das barganhas, da chantagem emocional e da imposição, que costumam funcionar de imediato para conseguir obediência, ou praticar a autoridade emocional, que requer trabalho árduo e revisão de padrões, para conseguir compromisso e maturação. Tudo depende do que você deseja para a constituição psicológica de seus filhos: obediência a qualquer custo ou compromisso e responsabilidade para toda a vida.

A primeira opção, de repetição de velhos padrões, não se sustenta e, pior, não traz nenhuma mudança comportamental nem evolução psíquica, ao passo que na opção de construir autoridade emocional, o que acontece

Será que meu filho tem jeito?

é que se estabelece uma nova forma de relação no sistema familiar em que a criança e o adolescente conseguem perceber a importância de ter um adulto cuidador que realmente se importa e cuida, tanto que é capaz de negar algo que não lhes faça bem. Assim essa criança ou adolescente passam a encarar esse adulto cuidador com natural respeito e com apreço por suas opiniões e comentários.

Como os pais podem desenvolver e colocar em prática a autoridade emocional?

Autoridade emocional só é possível pela conexão do filho com os adultos cuidadores, com base no desenvolvimento do sentimento de preocupação da criança com esse cuidador, que se apresenta como outro que é um "não eu". Essa habilidade, de acordo com Donald Woods Winnicott, é desenvolvida já desde os primeiros meses depois do nascimento do bebê e diz respeito à sua relação com o ambiente que o cerca, que precisa ser "suficientemente bom" para que ele tenha a oportunidade de viver uma série de acontecimentos que irão consolidar nele essa capacidade de envolvimento com o outro.

A capacidade de envolvimento do bebê é conquistada ao longo do seu processo de desenvolvimento emocional que é elaborado na relação desse bebê com o ambiente, mais fortemente na relação mãe-bebê (aqui, por "mãe" entende-se a cuidadora ou cuidador mais próximo do bebê e mais implicado no cuidado dele). Vou destacar duas características fundamentais para a existência desse sentimento de envolvimento do bebê:

1º **A compreensão de que há um eu e um não eu.** Winnicott defende que essa é uma experiência que se concretiza ainda nos primeiros meses de vida. Por meio dos cuidados dedicados a esse bebê, ele desenvolverá a noção de que seu corpo é uma unidade, bem como desenvolverá a noção de que seu corpo se separa do meio que o circunda. Dessa maneira, a criança compreende que há algo que está "dentro" e algo que está "fora".

2º Uma segunda vivência importante, do ponto de vista do desenvolvimento da capacidade de preocupar-se e conectar-se com o outro, está no que a psicanálise convencionou chamar de **ambivalência do sentir**, ou seja, a vivência de pulsões ambivalentes em relação à mesma pessoa – **AMOR E ÓDIO**. Por pulsões eróticas podemos entender a busca por satisfação pelo bebê e a busca pelo objeto amado, ou seja, o impulso que o move em direção ao que ama; já por pulsões agressivas podemos entender os complexos de raiva e destrutividade do bebê, por exemplo quando tenta machucar a mãe ou chora excessiva e estridentemente.

Que fique claro que é da natureza humana a ambiguidade de emoções projetadas, desde a mais tenra infância.

Quero ainda destacar outro conceito importante para que os pais compreendam como constituir autoridade emocional: existe um **"ciclo benigno"**, um ciclo que ocorre repetidas vezes de forma a consolidar em si a experiência de preocupação com o outro. Esse ciclo consiste, didaticamente falando, em cinco etapas:

1. AGRESSÃO: o bebê dirige sua raiva, sua pulsão agressiva e destrutiva, para a mãe (ou cuidador próximo).
2. ANGÚSTIA: o bebê percebe que essa mãe para quem ele está dirigindo o seu ódio é a mesma mãe que ele ama profundamente. Essa ambiguidade causa angústia no bebê.
3. CULPA: tal culpa diz respeito a um entendimento rudimentar pelo bebê de que causou mal a alguém que ele ama, e isso o leva à necessidade de retratação.
4. REPARAÇÃO: nesse momento, o bebê oferece uma "dádiva" à mãe de forma a tentar compensar, retratar sua agressão anterior, com um sorriso, por exemplo.
5. ACEITAÇÃO DA DÁDIVA: nesse momento, para que o ciclo continue sendo positivo, benigno, é fundamental que a mãe acolha essa dádiva oferecida pelo bebê de forma natural e amorosa,

fazendo, assim, com que ele estabeleça uma relação de confiança com o meio.

Winnicott também fala de um ambiente que seja "suficientemente bom" e de uma "mãe suficientemente boa", o que significa dizer que existe um *timing* ótimo nas relações de troca, uma capacidade de suprir de forma ótima as contínuas demandas dos filhos

Como seres humanos, é impossível pensar numa criação "perfeita". A mãe também está submetida a momentos de cansaço, tristeza ou até mesmo raiva, assim como qualquer ser humano. Dessa forma, admite-se que nem sempre esse ciclo vai se concluir de forma positiva; por vezes ele será parado no meio, por vezes ele será concluído de forma negativa, e tudo bem. O fundamental aqui é que esse ciclo se encerre de forma positiva na maioria das vezes, ou pelo menos por vezes suficientes para que a criança possa conectar-se com a mãe, entender a preocupação que a mãe dispõe para ela e preocupar-se com a mãe também.

Um ambiente "suficientemente bom" é um ambiente favorável para que o bebê possa viver essas experimentações de forma natural e que seja acolhido com afetuosidade e atenção devidas. Quando isso não é possível para determinada criança, as consequências podem variar, de acordo com o grau e a gravidade das condições vividas no ambiente que a rodeia, podendo levar à perda da capacidade de envolvimento/preocupação com o outro, ao desenvolvimento de defesas no lugar dessa capacidade e até ao desenvolvimento de traços e tendências antissociais.

Essas mesmas cinco etapas do "ciclo benigno" podem ser vividas entre mãe e filho também em outras faixas etárias, o que poderá desenvolver um aprendizado de resiliência no relacionamento, em que fica entendido que, mesmo que haja discordância, que mãe e filho tenham pontos de vista diferentes, ambos podem se manifestar e encontrar ponto de confluência e reaproximação. Isso significa preparar-se para estabelecer um novo padrão de maturidade nos relacionamentos futuros, no qual se pode continuar convivendo mesmo na diversidade.

Marcia Belmiro

O desenvolvimento dessa habilidade pela criança, alinhado ao respeito e à amorosidade dispensados a ela, faz com que a criança tenha a possibilidade de criar vínculos profundos com pai, mãe e cuidadores de forma a respeitar a autoridade dos mais velhos com base na relação de confiança desenvolvida. Assim, é muito importante manter sempre a tranquilidade ao lidar com a criança: ao mesmo tempo que se faz necessário ter firmeza no tom de voz, é extremamente desaconselhável recorrer a formas de repressão e retaliação violentas que vão levar a criança a sentir-se inadequada e desrespeitada.

O ser humano aprende em demasia com o exemplo – acabamos repetindo padrões relacionais e reproduzindo com outras pessoas a forma como nós mesmos somos tratados. Fica evidente que a construção de uma autoridade diante da criança não passa por quem "fala mais grosso", mas somente pela construção verdadeira de relações empáticas e respeitosas com ela.

Saibamos, contudo, que existe um cânion de distância entre progenitores reais e idealizados.

Pais e professores são autoridade e necessitam assumir esse papel para o bem-estar das crianças e adolescentes que educam. Entretanto, isso nada tem a ver com autoritarismo ou com a crença de que "manda quem pode, obedece quem tem juízo".

CAPÍTULO **19**

Pai "na real"

Em tempos de transição para um novo modelo de família, deparamo-nos com essa mesma família imersa num mundo de conflitos e idiossincrasias, buscando atender a uma gama de possibilidades e peculiaridades dos seus membros. E, no meio disso tudo, continuamos todos à espera de uma nova ordem, de um novo padrão a ser seguido, como outrora, mas que, como vimos observando, dificilmente existirá.

Estávamos todos habituados a dar sequência ao que aprendemos em nossa criação, sem questionar papéis e responsabilidades, mas o que vemos é que novas responsabilidades aparecem e novos papéis estão surgindo, portanto será mister o estabelecimento de novos acordos que caibam na realidade de cada sistema familiar.

O conceito de paternidade está em transformação. O modelo antigo, de pai provedor e recreador nos fins de semana, quase sem participação no cotidiano dos filhos, não cabe mais na sociedade atual. É preciso mudar. Mas como? Qual é o novo modelo a seguir? Insisto que não há modelo novo "certo" a ser seguido, o que, para muitos, pode gerar angústia e desconforto. Em uma sociedade complexa, de demandas coletivas e individuais tão distintas e peculiares, não há uma verdade única, menos ainda um paradigma que atenda a todos.

E qual é o contexto para a reformulação do papel de pai? A partir da década de 1970, quando a mulher conquistou seu lugar no mercado de trabalho, houve uma desorientação logística e psíquica em toda a família. A mulher, naquele momento, sentiu-se obrigada a dar continuidade aos cuidados dos filhos e da casa, somando a isso sua jornada profissional. Essa sobrecarga de tarefas a levou à exaustão física e emocional. Esse novo papel materno se sustentou até o início dos anos 2000, quando surgiu uma nova e grande questão: **Qual será, agora, a nova função do homem?**

Levou tempo até essa questão começar a ser respondida, e ainda não o foi por completo. O fato é que ainda hoje a mulher se sente impelida a se reinventar, a pensar novas estratégias para manter sua independência financeira, seu sucesso profissional e garantir a saúde psíquica e social de sua prole, mas grande parte dos homens não acompanha esse movimento. Para criar uma relação em novas bases com os filhos de hoje, a figura parental paterna necessitará romper com os padrões antiquados e revigorar seu pensamento sobre paternidade.

O novo padrão não emerge espontaneamente, então elas continuam a usar o velho padrão apenas com nova roupagem. Para que a mudança necessária aconteça, é preciso que haja a revalidação dos papéis de todos dentro do sistema familiar.

A dura realidade da presença da figura parental paterna na criação dos filhos é expressa nos dados abaixo.

DADOS DO IBGE:
- 11,6 milhões de mães criam os filhos sem pai no Brasil;
- Entre as famílias comandadas por mulheres, 56,9% vivem abaixo da linha da pobreza;
- 5,5 milhões de crianças não têm o nome do pai no registro de nascimento.

Será que meu filho tem jeito?

Para recompor essa realidade em nossa sociedade, muitos movimentos e debates serão necessários até atingirmos uma educação consciente, inclusiva e integrada pelo bem da constituição saudável de crianças e adolescentes.

Embora haja uma pressão muito menor sobre os pais em relação à que recai sobre as mães para conciliar trabalho, atividades domésticas e o cuidado com os filhos, já estamos assistindo a uma nova mentalidade em muitos homens, que começam a perceber quão instigante e prazeroso é cuidar da prole na rotina, apesar de muito trabalhoso.

Em 2019, foi lançado o documentário *"Dads"*, que entrevista pais famosos e anônimos de diversas parte do mundo, mostrando possibilidades dessa nova paternidade. Entre os depoimentos, destaca-se o do comediante americano Patton Oswalt: "Uma grande parte da paternidade ainda é uma narrativa muito antiga do pai que vai para a selva e corta árvores, encontra suprimentos e mata um alce. Mas, na verdade, o filho de hoje só quer você lá".

O também americano Glen Henry conta que tinha um trabalho do qual não gostava. Um dia sua esposa sugeriu que ele pedisse demissão para se dedicar aos três filhos em tempo integral. Hoje, Henry produz conteúdo sobre sua experiência como pai pelo Instagram Beleaf In Fatherhood. "Pensei que seria fácil, e definitivamente não foi. Mas hoje sinto que a paternidade me tornou o homem que sou. Meus filhos me ensinaram a ser autêntico e honesto comigo mesmo."

A partir do momento em que nasce uma criança, o papel do progenitor é eterno e insubstituível, independentemente de ter desejado esse bebê ou não. Existe ex-namorada, ex-marido, ex-sócio, ex-aluno, mas **NÃO EXISTE EX-PAI / EX-FILH**O! Isso leva a um comprometimento necessário do pai nas atribuições do dia a dia.

Hoje, tanto pai quanto mãe trazem o sustento para casa, então vem ficando cada vez mais comum os homens dividirem as tarefas do lar. A questão é que, mesmo quando há maior dedicação de tempo do pai nessa rotina, o envolvimento e a participação intensa nos aspectos de desenvolvimento social, emocional e relacional do filho continuam a cargo da mãe.

Marcia Belmiro

Recentemente, um perfil do Instagram voltado para mães publicou uma série de *stories* sobre a participação paterna na vida dos filhos. O primeiro *story* dizia: "Você está satisfeita com a atuação do pai dos seus filhos?". Cerca de 80% das pessoas responderam SIM.

Depois havia o seguinte texto: "O pai dos seus filhos já fez esse tipo de coisa?", seguido de cinco ou seis afirmações para as pessoas responderem SIM ou NÃO:

- "Passei na farmácia, vi a promoção de fraldas e aproveitei para comprar tamanho G, porque a M está ficando pequena."
- "Lembrei que está na época de tomar vacina e já me programei para chegar mais tarde no trabalho na sexta, depois de levar o João ao posto."
- "Você viu que a escola está tendo casos de *bullying*? Só se fala nisso no grupo de pais da turma."

Para **TODAS** essas questões, cerca de 90% das mulheres responderam NÃO. Mesmo os pais acima da média não fazem coisas que são consideradas triviais para as mães.

Novamente, insisto que um novo padrão não existe, não está pronto, mas o novo papel do pai deverá englobar o cuidado com saúde, alimentação, higiene e limpeza, educação e desenvolvimento geral dos novos seres humanos. Inclui também saber quando é preciso providenciar uniforme, ir às reuniões de pais, saber dos talentos e dificuldades do filho e auxiliá-lo nos desafios que a vida trará – do medo do escuro à postura profissional, quando chegar a hora.

Preciso frisar que filhos querem ser ouvidos por ambos os pais. Necessitam ser amados por ambos os pais. Carecem de cuidado e apreciação de ambos os pais.

Mas compensa ser pai de verdade, pai inteiro?

A resposta a essa pergunta só o pai que se permitir viver sua paternidade por inteiro poderá dar. Mas antecipo aqui o que muitos pais que vivem essa nova dimensão da paternidade percebem e sentem.

Será que meu filho tem jeito?

- Ser pai próximo traz muita alegria e satisfação.
- Paternidade é fonte de muito aprendizado, desenvolvimento e amadurecimento.
- Só assim se pode receber o maior amor do mundo, que é o amor dos filhos pelos pais.

MAS ATENÇÃO!!!

Quando essa relação não é estabelecida em bases sólidas na infância, dificilmente se estabelece depois, na vida adulta.

Os pais que se dão o direito de usufruir do seu papel com inteireza, mergulhando de cabeça nessa relação, inevitavelmente vão descobrir como ela pode ser maravilhosa e transformadora.

CAPÍTULO 20

Topa conferir o que você aprendeu até aqui?

Aqui segue um breve teste de verificação de aprendizagem para você perceber quanto essa leitura abriu novos horizontes e trouxe novos entendimentos para serem aplicados em sua rotina.

Diante de tudo que você leu, faça uma consolidação do que aprendeu.

1. Na situação em que uma criança se sente amedrontada e se recusa a ir para a nova escola. Marque a alternativa apropriada de conversar com a criança:
   a) "Vamos lá, será divertido, você consegue, vai fazer novos amigos!"
   b) "Que coisa mais patética! E coma logo o almoço, porque já estou perdendo a hora de chegar ao serviço!"
   c) "O que você pensa que pode acontecer na escola? Como você se sente ao pensar sobre isso? O que você pensa já aconteceu alguma vez? Quais as chances de isso acontecer? Se acontecer, o que você poderia fazer?"
   d) "Se você não colocar logo esse uniforme, eu... eu..." (gesticulando como quem estrangula um frango).

2. Os seis princípios do coaching que são utilizados no Método CoRE são:
   a) Seis princípios do bom desenvolvimento infantojuvenil.
   b) Construção de metas; Dizer exatamente o que a criança deve fazer; Ajudar a criança a encontrar suas melhores respostas; Desenvolver as habilidades emocionais; Romper crenças; Autoconhecimento.
   c) Construção de regras; Dizer exatamente o que a criança deve fazer; Levar a criança a pedir desculpas; Obediência; Romper com as birras; Eliminar a depressão infantil.
   d) Construção de um objetivo claro a ser atingido; Não julgar e não dizer à criança o que deve ser feito; Ajudar a criança a encontrar suas melhores respostas; Desenvolver as habilidades que faltem; Romper crenças e esquemas desadaptativos que estejam limitando a criança e o adolescente a atingir seu objetivo; Autorresponsabilidade.
3. Sobre o tema autoconhecimento, marque a afirmativa abaixo que está errada.
   a) Ter autoconsciência significa ser capaz de reconhecer um sentimento quando ele ocorre.
   b) A autopercepção e a autoconsciência só vão acontecer na experimentação pessoal sobre si, sobre suas angústias, sobre suas dores e sobre suas belezas, riquezas e potenciais.
   c) Autoajuda e autoconhecimento são a mesma coisa.
   d) Pessoas que investem no autoconhecimento conseguem perceber como os fatos impactam seus sentimentos e emoções.
4. Sinalize abaixo a letra **F** (falso) ou a letra **V** (verdadeiro):
   ☐ Falso   ☐ Verdadeiro
   O Método CoRE entende não desmerecer nem emoção nem razão, mas integrá-las, auxiliando que as pessoas atendidas nessa abordagem sejam capazes em primeiro lugar de distinguir os pensamentos dos sentimentos, sejam capazes de compreender e pensar o que sentem e a partir daí sejam capazes de expressar em palavras o

Será que meu filho tem jeito?

que pensam e o que sentem, e, ao serem munidas de informações, ensinadas a analisar seus resultados e comportamentos à luz de dados, comprovação de pesquisas e fatos, sejam capazes de se sentir em congruência com o que pensam.

5. O que acontece quando você chama a atenção do seu filho na frente das pessoas?
   a) Não causa problema nenhum, porque a criança sabe que fez coisa errada.
   b) É melhor que seja na frente das pessoas, para que todos saibam o que a criança fez.
   c) Quando as pessoas sabem o que a criança fez, isentam os pais de culpa de terem feito uma criação indevida.
   d) Constrange a criança e o adolescente e gera sensação de não pertencimento, porque é como se você se aliasse aos outros, buscando aliados e apoio de que você está certo contra seu filho.

6. Quais são os cinco pilares para a construção de vínculo positivo com os filhos?
   a) Fazer a criança obedecer; geração de confiança; levar para passear no shopping; dar mesada; brincar.
   b) Imposição de ideias; geração de confiança; segurança; amor; jogar videogame.
   c) Diálogo; geração de confiança; segurança; amor; brincadeira.
   d) Diálogo; chamar atenção de alguma atitude errada da criança só na hora de dormir; segurança; comprar brinquedos de edição limitada; fazer as tarefas escolares dos filhos.

7. Marque a única afirmativa abaixo que está incorreta sobre o BRINCAR.
   a) Brincar só deve ser permitido depois que a criança tiver cumprido com seus compromissos.
   b) Ao brincar, a criança aprende a partilhar, cooperar, comunicar e relacionar-se, desenvolvendo a noção de respeito por si e pelo outro, bem como reforça sua autoimagem e autoestima.
   c) Brincar não é só lazer, estimula três áreas: emocional, social e cognitiva.

d) A experimentação dos papéis sociais (pai, mãe, médico, professor) por meio do faz de conta auxilia a criança a compreender o mundo adulto na sua perspectiva e empatizar com ele. Esse ensaio ajuda a criança compreender como as coisas funcionam e entender como ela mesma age e reage.

8. Marque a única afirmativa abaixo que está incorreta sobre como ajudar a criança a lidar com a separação dos pais e com a inclusão de novos arranjos conjugais.
   a) Ajudar a criança a entender que o vínculo afetivo entre pai e mãe é diferente do vínculo afetivo entre pais e filhos.
   b) Ajudar a criança a desfazer a fantasia de que os pais estão se separando por sua culpa.
   c) Falar claramente que a decisão da separação é uma questão que diz respeito à dificuldade de relacionamento entre o casal e nada tem a ver com o pequeno.
   d) Proibir que a criança fale o que está sentindo e pensando, porque isso só faria a criança sofrer mais.

9. Analise a seguinte situação e escolha a melhor resposta abaixo:
   João Carlos, que tem 10 anos de idade, com frequência perde seus objetos escolares. Ontem, mais uma vez, na hora em que estava correndo para sair para a escola, não encontrou o livro de exercício de matemática e o estojo.
   a) A mãe deve procurar o objeto, para que o filho não se atrase.
   b) O que resolve é punir João Carlos tirando dele o direito de jogar videogame naquele dia.
   c) A mãe deve dizer que com aquela bagunça não ia encontrar mesmo e ainda proibi-lo de ver a série favorita no fim da tarde, para ficar arrumando o quarto.
   d) Ter conversas com João Carlos para que ele tenha entendimento sobre as **consequências** reais por não manter a mesa de estudo organizada e experimentar as consequências em alguns casos, fazer boas perguntas para que João Carlos tome novas decisões e trace um plano de ação de novas atitudes.

Será que meu filho tem jeito?

10. Dar limites significa:
    a) bater para que a criança se comporte.
    b) expor claramente princípios e normas da casa, o que é aceito e o que não é aceito e o porquê.
    c) só dizer "NÃO" quando os pais de outros colegas do filho também disserem, para não traumatizar seu filho.
    d) deixar o filho sem comer toda vez que tiver uma atitude inadequada.
11. Marque a única afirmativa abaixo que está incorreta sobre como elogiar e reforçar positivamente o filho.
    a) Reforço positivo é prometer algum presente para que a criança se comporte adequadamente numa situação que ainda vai acontecer.
    b) Fazer elogios verbais, dar abraços, beijos, sorrisos, fazer contato visual positivo, escrever bilhetinho afetuoso com elogios sobre o fato positivo que deixam marcas de carinho e valorização verdadeiras para sempre.
    c) Descrever especificamente o que está sendo elogiado.
    d) Ajudar a criança a perceber os sentimentos que estão envolvidos na conquista que ela teve na hora que recebeu o elogio.
12. Coloque em ordem os passos para construção de Regras e Combinados, marcando de 1.º a 4.º no quadradinho na frente do passo.
    ☐ Expor a problemática, cada um colocando seus pontos de vista, explicando o motivo.
    ☐ Propor a construção conjunta de Regras e Combinados para essa situação.
    ☐ Utilizar boas perguntas, gerando verbalização.
    ☐ Efetuar os combinados em conjunto, abrindo espaços para consequências.
    ▶ Perguntar;
    ▶ Valorizar as respostas;
    ▶ Fixar;
    ▶ Valorizar a decisão.

13. Marque três afirmativas abaixo que são verdadeiras.
    a) O oposto de amor não é ódio, mas sim o medo de se relacionar, a indiferença e o distanciamento.
    b) Quem ama pode odiar, pode ter raiva, sentir incômodo e continuar amando = dando atenção.
    c) Não tem problema desprezar, abandonar e humilhar o filho; há momentos em que ele merece, e é assim que ele aprende e cresce moralmente.
    d) Conversar sobre a situação que gerou raiva e resolver é ponto de desafio e ao mesmo tempo é ponto de amadurecimento da relação entre pais e filhos.
14. Marque três afirmativas abaixo que são verdadeiras sobre atitudes que ajudam no desenvolvimento de habilidades sociais.
    a) Treinar com a criança situações cotidianas de como pedir para entrar em uma brincadeira, em que ela encontre sua forma de falar e de chegar perto das pessoas.
    b) Proporcionar oportunidades em que a criança se habitue aos contatos sociais, como ir a festinhas, realizar atividades extraescolares, ir ao *playground* e às áreas comuns do condomínio, convidar amigos, sempre com anuência total da criança.
    c) Comparar seu filho com outra criança que tem mais facilidade nas relações sociais, porque isso trará mudanças em seu comportamento.
    d) Criar pequenos eventos junto com a criança em que ela seja a anfitriã, do tipo festa do pijama, sessão pipoca com filmes, encontro do clubinho, aniversário da boneca, festival de jogos de tabuleiro, jornada de videogame, jogos ao ar livre com um grupo de colegas, terminando com lanche. Assim ela tende a se sentir mais segura por estar no seu território e por ser quem organizou e convidou.

Será que meu filho tem jeito?

15. Marque a única afirmativa abaixo que está incorreta sobre como auxiliar quando os irmãos brigam.
    a) Não tome partido.
    b) Não rotule.
    c) Não incentive a competição.
    d) Não dê atenção.

RESULTADO DO TESTE

QUESTÃO 1 – **c**
QUESTÃO 2 – **d**
QUESTÃO 3 – **c**
QUESTÃO 4 – **Verdadeiro**
QUESTÃO 5 – **d**
QUESTÃO 6 – **c**
QUESTÃO 7 – **a**
QUESTÃO 8 – **d**
QUESTÃO 9 – **d**
QUESTÃO 10 – **b**
QUESTÃO 11 – **a**
QUESTÃO 12 – **1º; 2º; 3º; 4º**
QUESTÃO 13 – **a; b; d**
QUESTÃO 14 – **a; b; d**
QUESTÃO 15 – **d**

CAPÍTULO 21

Que decisão você vai tomar agora?

Imagino que ao longo das páginas que você foi percorrendo até aqui, seja você pai ou mãe, pôde perceber que precisará fazer alguns (ou muitos) ajustes no seu comportamento e na sua relação com seus filhos. E isso implica tomar decisões para agir em consonância com sua consciência e poder conquistar grande alegria na convivência com aqueles que lhe são mais caros, os membros de sua família.

Tomada de decisão

Segundo o Ernst Strügmann Forum, instituto de pesquisas independente de Frankfurt, na Alemanha, tomamos de 2.500 a 10 mil decisões por dia, desde pequenos impasses, como qual sapato colocar com determinada roupa, até decisões que envolvem relacionamentos afetivos.

A tomada de decisão é moldada por uma grande quantidade de aspectos: tendências inatas, emoções, expectativas, equívocos do passado, experiências vividas, dores, características de personalidade, estilo de comportamento cultural e conteúdos inconscientes. Esses múltiplos aspectos tiram a tendência de se acreditar que basta colocarmos os prós e os contras que facilmente tomaremos a decisão necessária.

Por essa razão, insisto em dizer que o processo proposto pelo Método CoRe, longe de ser mera utilização de ferramentas, explora camadas mais emocionais do ser humano, percebendo a criança e o adolescente em um contexto cultural, possuidores de um conjunto de características, valores e princípios.

A mudança comportamental profunda e sustentável só acontece quando conseguimos acelerar a tomada de decisão e definir, de acordo com o prazo e as condições que se apresentam, o que deve ser feito.

Uma maneira bastante comum de tomar decisões é por comparações binárias por amostragem, nas quais podemos classificar probabilidades com base em processos cognitivos simples. Por exemplo, "Compro ou não compro esse carro? Vi outro parecido em duas concessionárias, com mais vantagens, então vou voltar a uma delas". Isso é simples; são cenários singelos. O risco, nesses casos, é a base de informações não ser correta ou estar sendimentada em crenças falsas. Para tomar decisões em cenários complexos e de muitas informações, como é o caso das relações sociais e familiares, é preciso ampliar mais ainda esses cenários, avaliar processos internos e fazer provocações íntimas, como:

- O que estou vivendo hoje é o que eu quero continuar vivendo dentro da minha casa?
- Quero perder meu tempo validando se fiz certo ou errado? E ficar buscando argumentos que me eximam e que façam com que toda a culpa recaia sobre meu filho?
- Por que valeria a pena eu alterar algumas atitudes em casa?
- Que valores eu defendo que fazem com que eu queira realizar mudanças na minha relação familiar?
- O que eu ainda não fiz e que, se fizesse, realizaria uma grande diferença dentro da minha casa?

Muitas pessoas tomam decisões não por terem feito sua real escolha, mas para atender a expectativas externas. Estar em conformidade com o que "todo mundo" pensa e faz, seguir o rebanho, diminui a carga de energia em ter de explicar, tecer argumentos que esclareçam as pessoas a nossa

Será que meu filho tem jeito?

volta das razões que nos levaram a decidir por algo, e assim conseguimos convencer sobre nosso posicionamento. Por outro lado, seguir o que se espera de nós e não exatamente o que queremos ter, ser e fazer pode nos levar a um grau de submissão em que corremos o risco de nos descomprometer por nossas opções e ser manipulados.

Quando se trata de tomar a decisão em estabelecer um novo padrão de relacionamento com filhos, essa questão de atender às expectativas externas passa a ter um peso muito grande. Em primeiro lugar porque, para conseguir tomar a decisão de escolher viver uma relação dentro de casa que seja leve, saudável, equilibrada e respeitosa, é necessário olhar para trás, para sua própria infância, e fazer uma análise crítica sobre as atitudes que seus pais tiveram e avaliar o que hoje faz sentido para você e que vale a pena manter e o que você experimentou e que não se encaixa mais no seu entendimento de criação de filhos. Nesse ponto, quero lhe dar um alento: considere que romper com padrões de sua família de origem não significa romper com essas pessoas que o geraram e criaram. O afeto e o amor por seus cuidadores não dependem de sua fidelidade às atitudes deles. Em segundo lugar porque agir em congruência interna com os preceitos e princípios da sua família atual na criação dos filhos poderá ir na contramão da permissividade e falta de limites que seus vizinhos, parentes ou amigos têm e, embora seja difícil sustentar argumentos e seu posicionamento diante de um cenário de constantes questionamentos, é determinante para conseguir tomar e manter suas novas decisões.

FAÇA SUA ESCOLHA SOBRE SUA VIDA, OU ALGUÉM FARÁ POR VOCÊ! TOME SUAS DECISÕES OU ALGUÉM TOMARÁ POR VOCÊ!

No entanto, nem todas as nossas escolhas estão sob nosso controle consciente. Apenas para se ter uma ideia, em pesquisas realizadas na

Universidade Ben-Gurion, em Israel, e na Universidade Stanford, nos Estados Unidos, foi descoberta a "fadiga de decisão", fenômeno que leva juízes a serem quatro vezes mais propensos a conceder penas menores de manhã que à tarde – ou seja, o horário e a fadiga interferem em nossas escolhas na hora de dizermos "não" ou de sustentarmos uma posição ou um princípio familiar inegociável.

Portanto, para acelerar decisões e principalmente acertar mais do que se enganar nessas decisões, ajuda fazer-se perguntas do tipo:

"Eu entendo que isso é o que deve ser feito? Se eu tivesse mais alguma informação, essa decisão poderia ser outra?".

"Se eu pudesse conversar com alguém, essa decisão poderia mudar?"

"Se eu pudesse esperar uma semana, que decisão eu tomaria?"

Essas perguntas ampliam o horizonte mental e levam os pais a confirmar ou não a decisão que estão prestes a tomar. Vislumbrar que poderia haver novas informações, novas posições e possibilidades ou como a decisão se delinearia com o passar do tempo permite novas conexões neuronais, auxiliando em decisões mais certeiras.

A tomada de decisão vai se aprimorando com o treino, porque a aprendizagem que vamos adquirindo de outras tomadas de decisão vão qualificando nossa capacidade de apurar informações relevantes para nosso cérebro processar *inputs* e fazer o *output* da escolha mais apropriada. Pessoas que treinam muito conseguem fazer umas tantas perguntas, olhar alguns indicadores e com serenidade associar tudo numa decisão precisa, portanto é possível desenvolver essa habilidade de concatenar *inputs*, "liquidificar" no cérebro com uso de todos os aspectos emocionais, concluir sobre a melhor ação a tomar.

O erro de Descartes

António Damásio (1944-), neurologista português, professor e diretor do Instituto de Pesquisas do Cérebro e da Criatividade da Universidade

Será que meu filho tem jeito?

do Sul da Califórnia, nos Estados Unidos, apresenta no livro *O erro de Descartes* a hipótese dos marcadores somáticos que explica que o que sentimos determina, em muito, nossas decisões, não sob o ponto de vista do senso comum, que insiste em dizer que "as emoções atrapalham as boas decisões; precisamos decidir com a razão". Ao contrário, o papel das emoções não é dificultar as decisões, mas sim facilitá-las, mostrando ao sujeito um leque mais amplo de opções, fornecendo-lhe condições de conectar mais aspectos intangíveis, facilitando, assim, a obtenção de escolhas aparentemente racionais acerca, por exemplo, de um investimento financeiro que lhe proporcionará tranquilidade daqui a alguns anos ou sobre que carreira seguir.

Em outra ponta, em uma pesquisa realizada no Laboratório de Computação Neural do Instituto de Ciência e Tecnologia de Okinawa, no Japão, conduzida por cientistas e divulgada em 2009 na revista *Nature Neuroscience*, era ensinado a um roedor tocar uma alavanca de tanto em tanto tempo, para que pudesse ganhar determinada quantidade de comida. Esse ato era rapidamente aprendido, e o animal passava a tocar o equipamento com a expectativa do que já havia recebido antes, o que chamamos de expectativa de recompensa. Num dado momento, os pesquisadores mudaram a regra, entregando ao roedor apenas metade da comida oferecida anteriormente. A velocidade com que roedores e seres humanos atualizam esses erros de previsão chama-se taxa de aprendizagem. Isso nos leva a ponderar nossas decisões, ou seja, a definirmos se as mantemos ou não, a nos questionarmos se o esforço vale o prêmio.

Avalie quantas vezes isso já não se passou com você e, por causa de sua taxa de aprendizagem, você decide que determinada situação não tem mais jeito, não vale a pena, que o que você esperava era retorno de X e, no entanto, só veio Y, especialmente nas suas tentativas de obter comportamento adequado de seus filhos. Esse é um momento crucial em que a maioria das pessoas fica chateada, choraminga e se deixa enganar por aspectos que às vezes não foram exatamente do jeito que parecem ter sido, mas com base em uma análise incompleta conclui que a melhor decisão é deixar tal coisa de lado, deixar isso pra lá, o que acontece muito dentro de casa. Ou, em outro extremo, a pessoa passa a tomar decisões de maneira exageradamente acautelada, por excesso de precaução.

No que diz respeito às situações em casa, é fundamental questionar a qualidade da análise sobre a forma de perceber e ler as situações, questionar a taxa de aprendizagem para que ela não se instale com base em momentos de fragilidade emocional, em que a performance não trouxe o resultado esperado, não porque um fato ocorreu, como no caso de o cientista colocar metade da comida, mas por outras razões, como fadiga ou porque não nos empenhamos com esforço suficiente ou usamos a estratégia errada – no caso dos roedores, poderiam não ter apertado a alavanca com a mesma pressão. O risco é que nosso aprendizado interfere na decisão de deixar para lá e não progredir, buscando outra saída, e é aí que desistimos antes de dar certo.

Deixe-me continuar a narrativa sobre o experimento com os roedores. Enquanto a decisão de continuar ou não a tocar a alavanca com base na taxa de aprendizagem se processava, o cérebro desses animais estava sendo monitorado por imagens de ressonância magnética funcional (fmRI – do inglês *Functional Magnetic Ressonance Imaging*), a qual levou os cientistas a concluírem que os neurônios dopaminérgicos não eram os únicos responsáveis pelo cálculo da diferença entre a expectativa do animal em relação ao que receberia e o que realmente ganhou.

O que isso quer dizer?

A análise que se tinha até então era de que só os neurônios dopaminérgicos interfeririam na tomada de decisão, e no que se acreditava é que o tamanho da recompensa ou do prazer era o único fator determinante pelas decisões, mas, com o uso desse imageamento, o que se tem de demonstração é que outras estruturas – córtices pré-frontal, cingulado anterior e outras

Será que meu filho tem jeito?

estruturas de processamentos superiores, responsáveis pela linguagem, ampla memória e capacidade de relacionar fatos – interferem de forma importante na tomada de decisão. São essas nobres estruturas que nos auxiliam a relacionar tantos fatores: tendências inatas, emoções, expectativas, equívocos do passado, experiências vividas, dores, características de personalidade, estilo de comportamento cultural, conteúdos inconscientes até chegarmos a uma decisão.

Numerosos estudos comprovam que pessoas que têm lesão no lobo órbito-frontal apresentam enorme dificuldade de tomar decisões que as beneficiem, continuamente perdem empregos, relacionamentos importantes, dinheiro etc. Na hipótese de Damásio, essas pessoas não constroem marcadores somáticos, ou seja, são incapacitadas de construir reações emocionais manifestas que os ajudem a antever uma decisão e suas possíveis consequências que previnem os resultados prováveis.

Ora, se o lobo órbito-frontal tem grande responsabilidade na prevenção de erros e de arrependimento sobre decisões tomadas indevidamente, a maioria das pessoas é capaz de prever possíveis consequências catastróficas se ousar uma escolha nova, ou se ao tomar uma escolha e se arrepender de decisões tomadas ou ficar extremamente sensível à taxa de aprendizagem e fazer generalizações como se fossem verdades absolutas para os proteger e evitar novos enganos sem um cálculo preciso.

Para minimizar esses efeitos, você poderá:
- Revalidar a percepção que teve de decisões que tomou antes de abandonar aquela escolha por ela não ter levado à concretização do esperado e que por isso foi entendida como fracasso. Na implantação de novas atitudes e comportamentos na relação com os filhos, nem sempre os resultados virão de imediato, e você poderá ter a impressão de que a sua escolha de agir de forma diferente não funciona, quando na verdade o que pode estar acontecendo é a forma ou a estratégia ou o esforço que não foi suficiente;

- Revisitar situações e cenários em que tomou decisões contrariando a taxa de aprendizagem e se saiu bem;
- Identificar seus marcadores somáticos – lembrando que marcadores somáticos são as manifestações emocionais expressas fisicamente –, que, se por um lado interferem positivamente para que melhores decisões sejam tomadas, por outro podem nos levar a crer que determinada decisão é perigosa demais ou improvável de acontecer, levando à ilusão de que certas dificuldades são intransponíveis.

Ainda temos muito para aprender sobre o funcionamento do cérebro humano, no entanto os avanços de pesquisas e estudos divulgados até aqui já nos ajudam a compreender que muitas vezes nos confundimos entre fatos e interpretação dos fatos, entre os fatos e as impressões que os fatos nos causam!

ÀS VEZES, A TOMADA DE DECISÃO CONTRARIA AS METAS DA PESSOA

As decisões nem sempre estão alinhadas aos desejos da pessoa, às suas metas. Isso, em princípio, parece estranho, mas vamos analisar o exemplo a seguir.

Juliana tem uma meta de emagrecer 5 quilos e toma a decisão de se afastar do sorvete durante 60 dias e de reduzir a quantidade de ingestão diária de carboidrato. Para isso, organiza um cardápio com essas características. Mas ontem Juliana almoçou no Shopping e do lado do restaurante tinha uma deliciosa sorveteria. Assim que terminou o almoço, ela simplesmente entrou na sorveteria e tomou uma decisão que contraria suas metas e até decisões anteriores e tomou sorvete após o almoço.

Será que meu filho tem jeito?

Isso acontece porque existem as Lacunas Psicológicas. Nesse caso específico do exemplo da Juliana, existem duas Lacunas Psicológicas, uma de ordem Temporal, que é a lacuna entre o tempo presente e o futuro, e outra de ordem Experiencial, que é a distância psíquica entre imaginar algo e de fato experimentar e viver esse algo. Quando Juliana se propõe se afastar do sorvete durante 60 dias e reduzir a quantidade de ingestão de carboidratos, ela imagina estar 5 quilos mais magra ao fim de dois meses, provavelmente se imagina vestindo a calça jeans que está no fundo do armário, e imagina o que mais for interessante e prazeroso com 5 quilos a menos. No entanto, a distância, a lacuna entre o tempo presente e os dois meses que Juliana levará para eliminar esses 5 quilos e ainda a experiência dela se encontram distantes de sua imaginação. A sua experiência imediata é a sorveteria, com as cores dos sorvetes passeando pela sua vista de tal forma que só de olhar ela pode até sentir o sabor na boca.

Quando a distância psicológica é grande, tendemos a pensar de maneira abstrata, focando o quadro geral; assim, enfatizamos as coisas que nos agradam em tese, mas, por estarem muito distantes, acabam tendo apenas a força conceitual. Por outro lado, quando a lacuna psicológica é pequena, tendemos a nos focar mais nos detalhes, em ações concretas e mais imediatas. Em certas circunstâncias, a estratégia apropriada para conseguir sustentar uma tomada de decisão é reduzir as lacunas; em outras, é aumentá-las.

Rebecca Hamilton, doutora pelo Instituto de Tecnologia de Massachusetts (MIT), comprovou, em mais de uma década de pesquisas, que pessoas que reconhecem e compreendem as lacunas psicológicas e utilizam estratégias para reduzi-las ou aumentá-las são mais bem-sucedidas na vida pessoal e profissional. O ponto está em ser capaz de reconhecer a existência dessas lacunas, compreendê-las e analisá-las, para então pensar em estratégias para redimensioná-las.

QUAIS SÃO OS TIPOS DE DISTÂNCIAS OU LACUNAS PSICOLÓGICAS?

- *Social* (lacuna entre você e outras pessoas)
- *Temporal* (lacuna entre o tempo presente e o futuro)
- *Espacial* (lacuna entre a sua localização e lugares fora da sua vista)
- *Experiencial* (lacuna entre imaginar algo e de fato experimentar e viver esse algo)

Quando surgir um impasse e ficar em dúvida sobre a melhor decisão a tomar, avalie sob o ponto de vista das Lacunas, considerando quais estão envolvidas e se você vai precisar aumentá-las ou diminuí-las. Alguns impasses que estão impedindo sua decisão estão ligados a um só tipo de LACUNA PSICOLÓGICA, e outros impasses podem envolver mais de um tipo.

A recomendação então é ➡ FAÇA SUA ANÁLISE **STEE**

ANÁLISE DAS LACUNAS
SOCIAL **T**EMPORAL **E**SPACIAL E **E**XPERIENCIAL

Social (lacuna entre você e outras pessoas)

Nesse tipo de lacuna, são considerados não só os próprios interesses mas também os das outras pessoas envolvidas na situação. Essa é uma lacuna fundamental a ser analisada no sistema familiar, para que interesses, percepções e entendimentos de todos os membros da família sejam levados em consideração e devidamente ponderados.

Busque entender, com empatia, os pensamentos, os sentimentos e os motivos do interlocutor – no caso da família, procure compreender os filhos, o marido, a esposa etc. –, transitando entre a própria perspectiva e a das demais pessoas envolvidas.

Será que meu filho tem jeito?

PERGUNTE-SE E RESPONDA:
- Além de mim, quem mais está envolvido nessa situação?
- Quais são meus interesses nessa situação de impasse e quais são os interesses dessas pessoas?

Anote o nome das pessoas e o grau de importância que o interesse de cada pessoa tem para você, numa escala de 0 a 5.

A questão não é o grau de importância que a pessoa tem para você, mas sim o grau de importância que o interesse da pessoa expresso nesse impasse tem realmente para você.

Assim (POR EXEMPLO):

NOME DA PESSOA	PARENTESCO / TIPO DE LIGAÇÃO	TEMPO EM QUE CONVIVE COM ESSA PESSOA	IMPORTÂNCIA DO INTERESSE DESSA PESSOA PARA MIM
Judite	mãe	45 anos	2
Guilherme	namorado	3 anos	3
Felipe	filho	10 anos	5

Agora você tem como chegar a algumas conclusões:
- Quanto eu compartilho desse interesse que não é meu?
- O que vai me custar me distanciar desse interesse que não é o meu?
- Quanto vai me custar me distanciar desse interesse que não é o meu?

- Há possibilidade de essa pessoa se afastar de mim se eu tomar uma decisão diferente do interesse dela? Quanto isso me dói?
- O que eu poderia fazer para manter a pessoa próxima de mim e manter meu real interesse?

Temporal (lacuna entre o tempo presente e o futuro)

A maneira mais eficiente de lidar com o tempo é prever com o máximo de precisão quais questões / compromissos / consequências serão prementes no futuro de acordo com os seus objetivos e metas. Essa também é uma Lacuna fundamental a ser analisada em situações dentro do sistema familiar, porque as crianças estão em processo de desenvolvimento e se transformam ao longo do tempo, então suas tomadas de decisão necessitam ser averiguadas quanto aos seus impactos imediatos e futuros. Então questione-se:

- Que questões são prementes hoje na minha vida?
- Que questões são prementes a serem cuidadas no meu futuro próximo?
- E no meu futuro distante?
- Como me sinto hoje por não resolver isso?
- Como me sentirei daqui a um ano caso ainda não tenha resolvido tal impasse?
- Que consequências minha decisão poderá trazer agora?
- Amanhã?
- Na próxima semana?
- No próximo mês?
- No próximo ano? Etc.
- Tenho formas de lidar com tais consequências?
- Posso criar formas para lidar com as possíveis consequências negativas?
- Que consequências minha NÃO decisão poderá trazer agora? Amanhã? Na próxima semana? No próximo mês? No próximo ano?

Será que meu filho tem jeito?

Espacial (lacuna entre a sua localização e lugares fora da sua vista)

Costuma ser mais fácil manter controle sobre esse tipo de Lacuna, e saber manejar a Lacuna Espacial adequadamente poderá render grandes vantagens na sua tomada de decisão.

Os lugares longínquos, onde sua vista não apreende, geram imagens difusas e assombradas. É comum fantasiar acerca do que não se pode constatar com os próprios olhos. Por exemplo: o que está acontecendo no intercâmbio que seu filho está fazendo no outro lado do planeta?

Hoje, com a grande quantidade e variedade de recursos fotográficos, *lives*, filmagens ao vivo, câmeras que adentram a distâncias oceânicas a casa de alguém, pode-se aproveitar para ver, medir, avaliar e fazer considerações importantes antes de se tomar uma decisão a distância. Mas não descarte a presença física no local do ocorrido para uma visão espacial detalhada e mais completa de informações.

Se precisar aumentar a DISTÂNCIA / Lacuna Psicológica Espacial para estimular o pensamento abstrato, vá para um lugar diferente, sente em outra posição, ande pela rua, entre em lojas que você normalmente não entraria, como por exemplo uma pessoa não fumante entrar numa tabacaria.

Experiencial (lacuna entre imaginar algo e de fato experimentar e viver esse algo)

Imaginar o que seria determinada situação e como você se sentiria vivenciando-a possibilita grande divagação, a qual, por sua vez, nos permite experimentar vários sentimentos, porque, para efeito de emoções e da respectiva liberação de hormônios na corrente sanguínea, o cérebro toma a circunstância imaginada como uma experiência real. No entanto, é na experiência, nos acontecimentos vividos e percebidos pelos cinco sentidos que se tem uma dimensão realista dos fatos. Saindo do campo das hipóteses para o campo das constatações. Em algumas circunstâncias, é preferível aumentar essa distância e permitir-se devanear, e, em outras, encurtar a distância trará conforto e realizações concretas.

Como utilizar essa Lacuna Experiencial em seu favor na hora de tomar uma decisão?

Para aumentar a distância, faça VISUALIZAÇÕES.
- Veja-se agindo sem ter tomado a decisão e, portanto, tudo sendo mantido do mesmo jeito, e identifique as sensações de desprazer que isso lhe causa.
- Visualize com o máximo de detalhes possível como gostaria que fosse a nova situação, como gostaria de agir e como gostaria que fosse o cenário a sua volta.
- Veja-se agindo conforme sua decisão tomada e sentindo-se bem por isso.
- Imagine sensações de prazer e bem-estar pelas consequências positivas obtidas com base na decisão que você tomou.

Para encurtar a distância, EXPERIMENTE NA PRÁTICA.
- Procure fazer *test drive* daquela situação, experimente em pequena escala algo parecido.
- Escolha ambientes seguros para experimentar e pessoas que poderão apoiar você nesse tipo de "laboratório".
- Anote as experiências e tire conclusões.
- Busque mais informações que possam ajudar você a compreender suas sensações de prazer e desprazer.

Por fim, há mais uma questão sobre tomada de decisão que gostaria de abordar, que é o fato de que nem sempre suas decisões são tomadas com base naquilo que você realmente quer para si, mas, muitas vezes, para atender às expectativas alheias. O problema é que, na maioria das vezes, nem percebemos que a decisão não é verdadeiramente nossa, mas para agradar

Será que meu filho tem jeito?

a alguém que amamos ou que nos oprime emocionalmente. Porém, essas decisões acabam não tendo força suficiente para se sustentar e realizar as mudanças necessárias à sua vida.

Para evitar esse perigo, uma pergunta crucial que você deve se fazer agora antes de seguir sua leitura é:

MINHAS METAS E OBJETIVOS ESTÃO ALINHADOS COM OS MEUS DESEJOS?

Ou suas metas e objetivos existem para atender o desejo de outra pessoa com quem você convive: marido, esposa, filhos, chefes, pais, sócio?

Vale a pena considerar mais um aspecto:

O QUE SEPARA VOCÊ DOS SEUS OBJETIVOS?

Acredite que a resposta a essa pergunta acima é: **DECISÕES QUE VOCÊ VEM TOMANDO.**

E como você pode ter mais clareza sobre suas decisões e acelerar esse processo decisório para chegar mais rápido e certeiro ao seu objetivo?

Primeiro pergunte-se: **O QUE EU QUERO DE FATO?**

PARA TOMAR UMA DECISÃO, considere sempre:
- *O QUE REALMENTE VOCÊ QUER PARA SI;*
- *OS SEUS REAIS E VERDADEIROS DESEJOS E*
- *A DIREÇÃO QUE VOCÊ PRECISA SEGUIR.*

PARA TOMAR BOAS DECISÕES, CONECTE-SE CONSIGO MESMO, COM SEUS VALORES, ANSEIOS E MISSÃO DE VIDA.

Marcia Belmiro

Sei que não é fácil tomar novas decisões, romper padrões já estabelecidos e aos quais estamos acostumados. No entanto, quando a vida em família não está satisfatória nem gratificante, é hora de enfrentar os problemas e fazer as mudanças necessárias; é preciso agir de forma diferente, e, mesmo com o desconforto do novo, em pouco tempo a alegria da restauração das relações, o bem-estar da reconexão da comunicação, o contentamento de se perceber capaz de romper as barreiras e reequilibrar o sistema familiar vão falar mais alto!

Desejo sucesso em sua virada de chave com aqueles que lhe são mais caros.

Não é sobre você ser obrigado a mudar, mas sobre você ter direito de mudar e ser feliz!

Referências

BIAZUS, Camilla Baldicera; RAMIRES, Vera Regina Röhnelt. Depressão na adolescência: uma problemática dos vínculos. 2012. Disponível em: <http://www.scielo.br/scielo.php?script=sci_arttext&pid=S1413-73722012000100010&lng=en&nrm=iso>. Acesso em: 24 de set. de 2023.

BRASILEIROS estão menos felizes em 2019, diz pesquisa da Ipsos. *BBC News Brasil*, 11 de set. de 2019. Disponível em: <https://www.bbc.com/portuguese/geral-49666519>. Acesso em: 24 de set. de 2023.

CENTAMORI, Vanessa. Médicos explicam como a depressão se desenvolve nas diferentes etapas da vida. *Galileu*, 6 de ago. de 2019. Disponível em: <https://revistagalileu.globo.com/Ciencia/Saude/noticia/2019/08/medicos-explicam-como-depressao-se-desenvolve-nas-diferentes-etapas-da-vida.html>. Acesso em: 24 de set. de 2023.

CUNHA, Cristiane de Freitas; LIMA, Nádia Laguárdia de. Uma delicada transição: adolescência, anorexia e escrita. 2012. Disponível em: <http://www.scielo.br/scielo.php?script=sci_arttext&pid=S1415-47142012000400004&lng=en&nrm=iso>. Acesso em: 24 de set. de 2023.

DAMÁSIO, António R. *O erro de Descartes*: emoção, razão e o cérebro humano. São Paulo: Companhia das Letras, 2012.

DANTAS, Cristina Ribeiro Teixeira; FÉRES-CARNEIRO, Terezinha; MACHADO, Rebeca Nonato; MAGALHÃES, Andrea Seixas. Repercussões da parentalidade na conjugalidade do casal recasado: revelações das madrastas. *Psicologia: Teoria e Pesquisa*, n. 35, 2019. Disponível em: <https://www.scielo.br/j/ptp/a/dZms6BqNcn7BT5RWJLsNZcj/?lang=pt#>. Acesso em: 24 de set. de 2023.

FONSECA, Franciele Fagundes; SENA, Ramony K. R.; SANTOS, Rocky L. A.; DIAS, Orlene V.; COSTA, Simone de Melo. As vulnerabilidades na infância e adolescência e as políticas públicas brasileiras de intervenção. Disponível em: <http://www.scielo.br/pdf/rpp/v31n2/19.pdf>. Acesso em: 24 de set. de 2023.

FRANCE PRESSE. Maioria dos antidepressivos é ineficaz em crianças e adolescentes. *G1*, 11 de jun. de 2016. Disponível em: <https://g1.globo.com/bemestar/noticia/2016/06/maioria-dos-antidepressivos-e-ineficaz-em-criancas-e-adolescentes.html>. Acesso em: 24 de set. de 2023.

FUKUDA, Cláudia Cristina; GARCIA, Karolyne Araújo; AMPARO, Deise Matos do. Concepções de saúde mental a partir da análise do desenho de adolescentes. 2012. Disponível em: <http://www.scielo.br/scielo.php?script=sci_arttext&pid=S1413-294X2012000200003&lng=en&nrm=iso>. Acesso em: 24 de set. de 2023.

GOLEMAN, D. *Inteligência emocional*. 82. ed. Rio de Janeiro: Objetiva, 1995.

JUNG, Carl Gustav. *Tipos psicológicos*: obra completa. 7. ed. Petrópolis: Vozes, 2013. v. 6.

KLEIN, Melanie. *Amor, culpa e reparação e outros trabalhos* – 1921-1945. Rio de Janeiro: Imago, 1996.

KLEIN, Melanie. *A psicanálise de crianças*. Rio de Janeiro: Imago, 1997. v. 2.

MINUCHIN, Salvador; FISHMAN, Charles H. *Técnicas de terapia familiar*. Porto Alegre: Artes Médicas, 1990. 285 p.

MINUCHIN, Salvador; NICHOLS, Michael P. *A cura da família:* histórias de esperança e renovação contadas pela terapia familiar. Porto Alegre: Artes Médicas, 1995. 268 p.

MORAIS, Camila Aquino et al. Concepções de saúde e doença mental na perspectiva de jovens brasileiros. 2012. Disponível em: <http://www.scielo.br/scielo.php?script=sci_arttext&pid=S1413-294X2012000300004&lng=en&nrm=iso>. Acesso em: 24 de set. de 2023.

PENNAFORT, Roberta. IBGE: brasileiro casa mais vezes e uniões duram menos. *Hoje em dia*, 20 de dez. de 2013 (atual. em 20. nov. 2021). Disponível em: <https://www.hojeemdia.com.br/ibge-brasileiro-casa-mais-vezes-e-uni-es-duram-menos-1.229997>. Acesso em: 24 de set. de 2023.